Charles LEROY

Notaire honoraire

Avocat

Le Bec-Thomas

(ORIGINES à 1789)

BRIONNE (Eure)

IMPRIMERIE PIERRE AMELOT

1930

LE BEC-THOMAS

(ORIGINES A 1789)

DU MEME AUTEUR

TOURVILLE-LA-CAMPAGNE ET SES SEIGNEURS. Louviers, Izambert, 1898, in-8, 61 p. (*Epuisé*).

ESSAI SUR LA COLLEGIALE DE LA SAUSSAYE. Louviers, Izambert, 1899, in-8, 64 p. (*Epuisé*).

LE GROS-THEIL PENDANT LA REVOLUTION FRANÇAISE (1789-1799). Le Neubourg, Bouvart, 1901, un vol. in-12, 225 p. (*Epuisé*).

LE DROIT DE CHASSE EN FRANCE AVANT 1789. Le Neubourg, Bouvart, 1902, in-8, 21 p. (*Epuisé*).

LA FAMINE A TOURVILLE-LA-CAMPAGNE EN 1794-1795. Louviers, Izambert, 1903, in-8, 50 p. (*Epuisé*).

NOTES SUR LE BEC-THOMAS. Louviers, Izambert, 1904, in-8, 33 p. (*Epuisé*).

PAYSANS NORMANDS AU XVIIIe SIECLE. La vie rurale. Caen, Delesques, 1904, un vol. in-8, 131 p. (*Epuisé*).

PAYSANS NORMANDS AU XVIIIe SIECLE. La vie rurale. 2e édition (revue), Rouen, Cavé, 1912, un vol. in-8, 149 p. (*Epuisé*).

PAYSANS NORMANDS AU XVIIIe SIECLE.
I. *La vie rurale* (3e édition), Rouen, Lestringant, 1929, 1 vol. in-8, 155 p.
II. *La Communauté. La Paroisse.* Rouen, Lestringant, 1929, 1 vol. in-8, 458 p.

LA FETE DU 14 JUILLET A AMFREVILLE-LA-CAMPAGNE EN 1790. Le Neubourg, Dumont, 1906, in-16, 7 p.

L'ABBAYE DU BEC, PROPRIETAIRE DE LA BARONNIE DU HAUZEY, ET LES HABITANTS DE SAINT-PIERRE-DU-BOSCGUERARD. Brionne, Amelot, 1927, in-4, 31 p.

LE THUIT-SIMER (Origines à 1789). Brionne, Amelot, 1927, in-4, 13 p.

LA HAYE-DU-THEIL (Origines à 1789). Brionne, Amelot, 1927, in-4, 40 p.

LE THUIT-SIGNOL (Origines à 1789). Brionne, Amelot, 1928, in-4, 43 p.

LE THUIT-ANGER (Origines à 1789). Brionne, Amelot, 1929, in-4, 12 p.

SUR LES ROUTES DE L'EXIL (Septembre 1792-Mai 1797). Mémoires de M. l'abbé S. J. H. Pétel, curé de St-Léger-du-Boscdel, publiés avec des notes. Rouen, Lestringant, 1929, 1 vol. in-8, IX-200 p.

LA BARONNIE DU HAUZEY (Propriété de l'Abbaye du Bec) A LA FIN DU XVIIe SIECLE. Brionne, Amelot, 1929, in-4, 22 p.

SAINT-AMAND-DES-HAUTES-TERRES (Origines à 1789). Brionne, Amelot, 1929, in-4, 11 p.

LA SEIGNEURIE D'AUBERVILLE-LA-MANUEL. Rouen, Lestringant, 1929, 1 vol. in-8, 110 p.

Charles LEROY

Notaire honoraire

Avocat

Le Bec-Thomas

(ORIGINES à 1789)

BRIONNE (Eure)

IMPRIMERIE PIERRE AMELOT

1930

Le Bec=Thomas

ORIGINES à 1789

I

SITUATION. — ORIGINES

La commune actuelle du Bec-Thomas, située à environ 17 kilomètres nord-ouest de Louviers et à 6 kilomètres nord-est d'Amfreville-la-Campagne, comprend un territoire de 140 hectares, limité au nord par la rivière d'Oison qui la sépare des communes de Saint-Pierre-des-Fleurs (1) et de la Saussaye, à l'est par la commune de Saint-Germain-de-Pasquier, au sud-est par celle de La Harengère, au sud par celle de Fouqueville et à l'ouest par celle de Saint-Ouen-de-Poncheuil.

Le Bec-Thomas, qui comptait en 1764 66 feux, soit environ 330 âmes (2), avait 273 habitants en 1810, 327 en 1851, 161 en 1901, 84 en 1914, 90 en 1925.

Son sol fortement incliné vers le nord, accidenté en plusieurs endroits, divisé vers le milieu par un vallon, est en majeure partie couvert de bois et comprend pour le surplus quelques étangs, des prairies et fort peu de terres labourables.

Près de l'église, située à l'extrémité nord de la commune, ne se trouvent que le château et un ancien moulin appelé le « Moulin-du-Bourg » ; la partie habitée de la commune forme un hameau placé au sud et connu sous le nom de « Mont-Héroult » (3).

(1) Autrefois Saint-Pierre-des-Cercueils.
(2) *Dumoulin.* Géographie de la France, T. I.
(3) Il existe au Mont-Héroult, une rue appelée La Rue aux Juifs.

Avant la Révolution, le Bec-Thomas faisait partie du diocèse d'Evreux et ressortissait des parlement et généralité de Rouen, vicomté et élection du Pont-de-l'Arche.

Cette localité était aux XVe et XVIe siècles et même au commencement du XVIIIe siècle, qualifiée du nom de « bourg », sans doute à cause de l'importance qu'elle avait alors, du marché qui s'y tenait le mardi de chaque semaine et de la foire, qui tous les ans, le jour du mardi-gras, y amenait une affluence assez considérable de vendeurs et d'acheteurs. Les halles, qui existaient encore au commencement du XIXe siècle et dont on retrouve aujourd'hui des vestiges près l'église, attestent que le marché était assez suivi (4); la dénomination de « mesure du Bec-Thomas » que l'on rencontre dans nombre d'actes anciens en est une autre preuve (5), et, d'autre part, il est à remarquer que plusieurs chemins ou sentiers venant des localités voisines et convergeant vers ce point, portent encore le nom de « Chemin ou sente du Bec ». Ajoutons que, si l'on en croit la tradition, un chemin traversant la commune du Thuit-Signol devrait son nom de « Sente des Potiers » à ce fait qu'il était habituellement suivi par les

(4) Dans les lettres de juin 1656 érigeant la Baronnie du Bec-Thomas en marquisat, et dans les lettres du 19 août 1695, il est fait mention des bourg, halle et marché de ce lieu.
(5) Le Boisseau du Bec-Thomas contenait 13 pots et demi.

potiers d'Infreville, près du Bourgtheroulde, qui venaient apporter au marché du Bec-Thomas les produits de leur industrie.

Le Bec-Thomas est d'origine fort ancienne. Sa proximité de la voie romaine allant d'Uggate (Caudebec-lès-Elbeuf) à Condate (Condé-sur-Risle), en passant par le hameau actuel de Saint-Ouen-de-Poncheuil, suffirait pour justifier cette opinion si des découvertes faites sur le territoire de la localité dont nous nous occupons ne venaient, en outre, affirmer que ce pays fut habité pendant la période gallo-romaine.

Vers 1825, en établissant les fondations d'un bâtiment à environ 150 mètres d'un endroit appelé la Grande-Frèque (Grande Friche), situé dans le bois du Cornet (ou Cornai), on découvrit quelques tuiles romaines à 50 ou 60 centimètres de profondeur ; en 1830, au bois même du Cornet, sur la Grande-Frèque, dans un terrain d'une contenance d'environ trois ares, un peu plus élevé que le bois qui l'entoure, où rien ne pousse et où l'herbe se dessèche dès les premières chaleurs de l'été, des ouvriers, occupés à creuser des trous pour planter des arbres, mirent à jour un assez grand nombre de tuiles romaines à rebords. Ces tuiles, placées à 25 ou 30 centimètres de profondeur, mesuraient 0 m. 32 de largeur, 0 m. 40 de longueur et 0 m. 02 d'épaisseur, les unes étaient posées à plat, les autres placées en piles.

Depuis cette époque, soit sur la Grande-Frèque, soit aux environs, on a encore trouvé un mortier en marbre, un ornement en filigrane d'or mesurant 0 m. 30 de longueur, diverses monnaies romaines et des meules à broyer le grain (1).

Il est donc évident que lors de l'occupation romaine, il existait quelques quelques habitations au Bec-Thomas : mais, à quelle époque faut-il faire remonter l'existence de la localité actuelle ? les chroniques n'en font point mention avant le XIe siècle et seule l'étymologie du nom peut nous fournir quelques renseignements à cet égard.

Indépendamment des nombreux noms de lieux se terminant par la syllabe « bec », il existe en Normandie, six pays appelés « Le Bec » et qui ne sont distingués les uns des autres que par les dénominations spéciales qui leur ont été ajoutées. Le mot « bec », d'origine scandinave, signifie « petit ruisseau », et si, l'on consulte nos vieux choniqueurs, on remarque qu'il fut pris par eux dans ce sens (2). Guillaume de Jumièges, parlant du Bec-Hellouin dit qu'il tire son nom de la rivière dont il est proche (3). La *Chronique du Bec* rapporte qu'il existe en Normandie certain endroit nommé « Bec », ainsi appelé à cause du ruisseau qui l'arrose (4) ; et nous trouvons, toujours il est vrai relativement à l'abbaye du Bec, la même origine à ce nom dans la vie du bienheureux Hellouin (5) et dans la biographie de Lanfranc (6).

En outre, si on étudie les idiomes germaniques ou scandinaves, on trouve que ce mot y présente le même sens que dans notre topographie normande. Que ce soit « bec » ou « bekk » en anglo-saxon, « bak » que l'on prononce « bek » en danois, « bek » en bas-saxon, « bec » en wende, ou « baëk » en suédois moderne, la signification est toujours la même et nous croyons, avec Le Prévost, qu'il n'est pas impossible, qu'il est même fort probable que quelques-uns des nombreux noms de lieux composés de la syllabe « Bec » ou se terminant par celle-ci, remontent jusqu'aux *hommes du nord*, très anciens et très fervents envahisseurs de la Seconde-Lyonnaise (7).

La première partie du nom du Bec-Thomas lui vient donc de l'appellation

---

(1) L. Coutil. *Archéologie gauloise, gallo-romaine, franque et carolingienne* (Bulletin de la Société d'Etudes diverses de l'arrondissement de Louviers, т. III). — Société française d'Archéologie, séance tenue à Louviers en 1857. Communication de M. Desmonts, instituteur au Bec-Thomas. En septembre 1859, une meule en poudingue fut trouvée au Bec-Thomas par un sieur Luce. (Note manuscrite de M. Desmonts. Collection personnelle).

(2) Dans le Comté de Lincoln (Angleterre), les petits ruisseaux sont désignés sous le nom de « Beck ».

(3) Qui a rivo illic manente Beccus appellatur (Guillaume de Jumièges. Histoire des Normands).

(4) In Normannia est quidam locus qui dicitur Beccus et ita vocitatus a rivulo illic decurrente. (Chronique du Bec. Ed. d'Achery, p. 276).

(5) Eum ad locum sui juris mansionem suam transtulit qui a rivo illic mananti Beccus appellatur. (Vita Herlui, auctore Gilberto Crispino, T. I., p. 268).

(6) Est autem Beccensum monasterium inter duas montes situm super rivulum qui Beccus dicitur a quo ei nomen accessit. (Vita Lanfranci, auctore Milone Crispino).

(7) Le Prévost. *Mémoires et Notes pour servir à l'histoire du Département de l'Eure.* Ed. L. Delisle et Passy, T, I, p. 228. Voy. aussi Depping, *Expéditions maritimes des Normands*, note XIV, et L. Coutil, *Archéologie*, etc.

générique du ruisseau aujourd'hui nommé rivière d'Oison qui longe son territoire, après avoir baigné les murs d'un village ajourd'hui disparu ; quant à la seconde partie, qui distingue cette localité de celles portant une dénomination similaire, elle doit provenir, comme cela se faisait fréquemment aux XI° et XII° siècles, sinon du fondateur de son château, du moins de l'un de ses premiers possesseurs.

Le nom de Mont-Héroult donné à l'agglomération actuelle, lui vient de l'un de ses principaux habitants au XIII° siècle : Simon Hérold ou Héroult (1).

Ajoutons, avant de rappeler quels furent les différents seigneurs du Bec-Thomas et de relater les principaux évènements dont ce petit pays fut le théâtre, que plusieurs combats furent à différentes époques, livrés sur son territoire. On y voyait encore au XVIII° siècle des retranchements et autres travaux militaires ; des boulets et des biscayens trouvés en plusieurs endroits sont la preuve évidente de diverses rencontres. D'après la tradition, un combat très meurtrier y aurait été livré vers 1200 ; le village, qui alors se trouvait dans la vallée, aurait été entièrement détruit ainsi que le château qui le dominait : reconstruites en partie les habitations auraient été de nouveau saccagées en 1417 : des ossements trouvés au commencement du XIX° siècle à peu de distance de l'église, proviendraient des personnes tuées dans cette bataille et dont les corps auraient été jetés dans un charnier commun ; ce serait également de cette époque que daterait la fondation du village du Mont-Héroult.

II

LES SEIGNEURS

1. FAMILLE DE TOURNEBU

La seigneurie du Bec-Thomas semble devoir son origine à la noble famille de Tournebu, si puissante dans la campagne du Neubourg, au moyen-âge.

Cette famille originaire de Tournebu (Calvados) qui lui donna son nom et fut sa plus ancienne propriété en même temps que le siège de sa princi-

pale baronnie remonte à une époque antérieure à l'an 1000.

Le premier de ses membres dont l'histoire fait mention, est Guillaume de Tournebu, cité dans une charte du duc Robert de Normandie, relative à l'abbaye de Saint-Amand de Rouen, et antérieure à 1036 (2).

Ce fut sans doute ce Guillaume de Tournebu qui, en 1060, de concert avec Adda, sa femme, et Guillaume, son fils, donna à l'abbaye du Bec, récemment fondée, la dîme d'un domaine qu'il avait à Criquebeuf-la-Campagne. Il possédait probablement dès cette époque Le Bec-Thomas, dont relevèrent par la suite les fiefs du Busc-Richard et de Pescheveron, situés à Criquebeuf.

Masseville (3) cite un seigneur de Tournebu parmi les nobles normands qui accompagnèrent le duc Guillaume lors de la conquête de l'Angleterre (1066), il s'agit, croyons-nous de celui dont nous venons de parler.

Son fils, Guillaume, deuxième du nom, figure comme témoin dans une charte du 18 juillet 1083, au profit de la Sainte-Trinité de Caen (4) et peu après, comme arbitre dans une transaction entre Guillaume-le-Conquérant et l'abbaye de Fécamp. En 1099 il dut se croiser en même temps que le duc Robert de Normandie (5).

Nous trouvons ensuite Richard - de Tournebu, fils du précédent, qui ratifia en 1135 la fondation de l'abbaye du Val, diocèse de Bayeux, faite par Gosselin de la Pommeraye et Emminie sa femme. Il épousa une fille d'Olivier d'Aubigné et en eut un fils nommé Simon, qui lui succéda.

Simon, qui prenait alors le titre de baron, signe comme témoin la charte de privilèges accordée aux habitants de Rouen, par Henri II, roi d'Angleterre (vers 1165) (6).

De son mariage avec une fille de Gosselin de la Pommeraye, il eut deux fils : Thomas, baron de Tournebu, qui fut son successeur, et Guillaume, qui devint évêque de Coutances (1182).

Nous relevons le nom de Thomas de Tournebu dans une lettre adressée par le comte de Meulan au pape Eugène III, pour lui rendre compte de la fondation de l'abbaye de Saint-Gilles, de Pont-Audemer et lui demander la

---

(1) Simonis Heroldi (acte de 1223).
(2) La Roque. *Histoire d'Harcourt*, IV, p. 2225.

(3) *Histoire de Normandie*, I, p. 202.
(4) Signum Willelmi de Tornebu.
(5) Masseville. *Histoire de Normandie*.
(6) Sym. de Torronebu.

confirmation des biens de cette maison (1). Il assistait, en 1155, à une réunion tenue à Brionne par le comte Galeran de Meulan et dans laquelle furent confirmées, par une charte solennelle, les possessions de l'abbaye de Préaux.

Thomas de Tournebu, l'un des principaux seigneurs de la cour d'Henri II d'Angleterre, fut député par ce prince, en 1170, avec Joscelin Castellau ou Castellan, frère de la reine Alix, pour défendre à l'archevêque de Cantorbery de parcourir l'Angleterre, et lui enjoindre de rester dans son diocèse.

D'après le Registre rouge de l'Echiquier de Normandie, Thomas de Tournebu devait le service de trois chevaliers et en avait dix-sept sous ses ordres (2).

Simon, son père, dont nous avons parlé, était décédé laissant diverses dettes ; Thomas de Tournebu ne les ayant point acquittées, son mobilier fut saisi et vendu 112 sols. Il restait devoir 12 sols pour une reconnaissance, et une somme de 600 livres au Trésor royal.

On doit considérer Thomas de Tournebu comme le véritable fondateur du Bec-Thomas auquel il a donné son nom. Il est certain que cet établissement ne saurait lui être postérieur, puisqu'à partir de lui nous connaissons tous les possesseurs du domaine et qu'aucun d'eux ne peut le lui avoir donné. Pour les temps qui l'ont précédé, et en cela nous partageons l'opinion de Le Prévost, l'affirmative ne peut être aussi rigoureuse, néanmoins nous sommes convaincu que s'il avait existé un créateur antérieur, il en serait resté quelque trace (3).

Thomas de Tournebu épousa en premières noces Philippe Tesson et en deuxièmes noces Idoine.

Du consentement de sa femme et de ses enfants, il fit deux donations à l'Abbaye du Bec-Hellouin, ainsi qu'il résulte de deux chartes, l'une sans date et l'autre de 1181.

Il mourut vers 1190 laissant de sa première union quatre fils :

Jean, qui eut le Bec-Thomas et Tournebu ; Guillaume, qui eut Marbeuf ; Amaury, auquel échut la terre de Saint-Sulpice, près Bayeux, et Robert.

Nous avons vu que la situation de Thomas de Tournebu était assez embarrassée. Les sommes qu'il devait au Trésor royal d'Angleterre n'ayant point été acquittées, le domaine du Bec-Thomas fut mis sous séquestre et affermé moyennant 260 livres, à Roger du Matrey, Ouin Lefebvre et Rémy... bourgeois de Louviers (1195).

La situation précaire du débiteur fut sans doute un des motifs de cette saisie, mais il faut, selon nous, en rechercher la véritable cause dans ce fait que Thomas de Tournebu avait quitté le parti du roi d'Angleterre pour se ranger sous la bannière du roi de France.

Lors du compte rendu en 1195 par les fermiers du domaine, ceux-ci versèrent au Trésor royal une somme de 100 l. 5 s. Ils portaient en dépenses en déduction du prix de leur location : 1 muid de blé estimé 72 sols, donné au desservant de la chapelle du manoir, dédiée à Saint-Jean-Baptiste ; 9 l. 7 s. 6 d., pour 3 muids 2 setiers 1/4 de gros blé, dû par le domaine aux Templiers ; 12 s., pour 1/2 muid de froment d'aumône aux mêmes ; 1 muid de blé à Guillaume d'Amiens pour son fief ; 1 muid de blé à Le Forestier pour même cause ; 72 s. à Robert d'Harcourt, qui devait en rendre compte ; 29 l. 9 s. 6 d. versés à la recette de Raoul de Saint-Amand, et 71 l. à Geoffroy du Val-Richer, pour un engagement. Ils restaient devoir 31 l. 9 s. (4).

Jean de Tournebu, fils et successeur de Thomas, était un des chevaliers bannerets au moment de la réunion de la Normandie à la couronne de France ; compris dans la liste dressée sous Philippe-Auguste, vers 1214, il avait alors seize chevaliers sous ses ordres et devait le service pour deux chevaliers (5). Il résulte du registre des fiefs, qu'en 1260, il tenait deux fiefs et un quart de fief mouvant de Marbeuf.

Nous trouvons en 1215 une condamnation à une amende prononcée con-

---

(1) La Roque, *Histoire d'Harcourt*.
(2) Thomas de Tournebu, *III milties et ad servitium suum xvij*.
(3) Le Prévost, *Notes, etc.*, Bec-Thomas.

(4) Rogerius de Martrei, Oignus, Faber et Remigius reddunt compotum de CC libris de firma Becci Thomae... Capellano curriæ de Becco Thomæ LXXII solidos pro 1 modio grossi bladi de elemosina statuto... etc. (Magni rotuli, Sc. Norm. 1, p. 127).
(5) Et Johannes de Tornebu tenet baroniam suam per feoda ij militum et de eo tenent vxj feoda ad servitium suum et dimidium. (Registrum Philippi Augusti).

tre lui pour ne s'être pas présenté à l'Échiquier, dans une affaire qu'il avait contre Robert, comte d'Alençon (1).

Il fit donation, en 1229, aux religieux de l'abbaye du Bec-Hellouin, « tout le fouage de la dîme de Fouqueville. Cette donation donna bientôt lieu à une contestation entre l'abbaye, les tenanciers soumis à la dîme et le seigneur du Bec-Thomas. Richard, évêque d'Evreux, et Richard d'Harcourt, pris comme arbitres, décidèrent que si l'abbaye faisait battre sur place les grains provenant de la dîme, le fourrage appartiendrait au seigneur du Bec-Thomas (2).

Jean de Tournebu, après avoir fait différentes donations à l'abbaye du Bec en 1229, à celle de Bont-Port, en 1232, et à celle de Barbery, en 1234, mourut sans postérité vers 1253.

Guillaume de Tournebu, seigneur de Marbeuf, qui recueillit sa succession, confirma par une charte spéciale, scellée de ses armes, toutes les donations faites à l'abbaye du Bec-Hellouin, par Jean de Tournebu « chevalier d'heureuse mémoire », son frère aîné (1253) (3).

Il vivait encore en 1263, époque à laquelle il réclama la garde du fief de Criquebeuf-la-Campagne sous prétexte que Simon Pescheveron, aïeul du mineur possesseur actuel du fief, avait tenu ce fief en hommage de Jean de Tournebu. Sa prétention fut repoussée et le fief resta en la garde du roi.

Le seigneur du Bec-Thomas avait deux fils : Jean, l'aîné, qui lui succéda, et Robert, qui eut Marbeuf ; il mourut vers 1263.

Signalons parmi les habitants du Bec-Thomas à cette époque, Jehan Roussel, écuyer, époux d'Isabelle du Thuit-Signol, qui, le 27 juin 1257, chargea un habitant du Thuit-Signol de payer 10 s. de rente aux religieux de Bonport.

Jean de Tournebu, chevalier, baron du Bec-Thomas, avait porté les armes pendant la vie de son père ; il avait été invité en 1242 et 1246, à comparaître pour le service du roi Louis IX, avec Richard d'Harcourt, le sire du Neubourg, Robert Mallet et le chambellan de Tancarville, contre Hugues de Lusignan comte de La Marche et

les barons du Poitou soutenus par Henri III d'Angleterre. En 1270, il suivit Saint-Louis à la croisade, et en 1273, confirma à l'abbaye du Bec la possession des biens que cette maison avait à St-Nicolas-du-Bosc-Asselin ; il fit en outre plus tard de nombreuses donations aux abbayes de Saint-Etienne de Fontenay et de Barbery.

Isabelle de Beaumont, sa femme, lui avait apporté en dot l'importante place de Neuf-Marché en Lyons qu'il échangea en 1291 avec le roi Philippe-le-Bel, contre les terres de Tourville-la-Campagne et La Londe.

« Jehan de Tournebusc, chevalier, « seigneur du Bec-Thomas et Ysabel « de Beaumont fame d'iceluy cheva- « lier » cédaient au roi de France :

« Le chastel et la garenne de Noef « marchié sur Eithe, les cens du Noef « marchié, le moulin du Noef marchié, « le ban des vins vendus au Noef « marchié, le four du Noef marchié, « le travers et la coustume du marché « du Noef marchié ; Item au Noef « marchié le gardin du Roy, la prise « du poisson, l'usage que le manoir « de Camlibert a en la forest de Lions « les otages que les francs hommes « doivent au chastel du Noef mar- « chié ; item a Besu en la forest, les « champars ; item le moulin de Besu « et le moulin de Wiseignoil ; item à « Talemoustiers le travers de cette « ville ; item au Mesnil-sous-Viane « le moulin de ceste ville ; item à « Marteigny xxxviij mines d'avoine ; « item les bois de Hupeaumont ; item « les bois de Bosquentin ; item les bois « de Viane ; item les bois de Mont-Des- « tinz et du Mont-Mirel ; item le fyez « monseigneur Jehan de Roye cheva- « lier... (tenu) par le quart d'un « membre de haubert et en doit x « jours de garde au chastel de Noef « marchié en la tourelle Pierre le « Prévost... ; item le fye Thomas de « Lausney, chevalier... par le tiers « d'un membre et en droit xiij iours « et demy de garde en la tourelle qui « fust Pierre l'Oiseleur ; item le fye « Pierre de Lausney, esc. par le tiers « d'un membre et en doit xiij iours « et demy de garde ; item le fye Ni- « chole Bosquentin, esc. (que) Robert « de Grainville, esc. tient d'iceluy Ni- « chole... ; doit xx iours de garde en « la tourelle Raoul le Quen ; item le « fye Haubergon, esc. par le quart « d'un membre... ; item le fye de « Jehan de Saint-Pierre es chans esc... « doit v iours de garde en la tourelle

---

(1) L. Delisle, *Echiquier*.
(2) *Antiquaires de Normandie*.
(3) Felicis memoriæ Johannes de Tournebu, miles, frater meus primogenitus. Voy, La Roque, *Histoire d'Harcourt*.

« Godefroy le Tavernier... ; item le
« fye Pierre de Saint-Cirre esc... doit
« v iours de garde en la tourèle Gaul-
« tier de Hénaut ; item le fye Dreu
« de Bouchevilliers, esc... ; item le
« fye Pierre Clignet esc... ; item le
« fye Pierre l'Abbé doit cinc iours de
« garde en la tourèle (qui) fus... Gau-
« tier de Hénaut ; item le fye Guillau-
« me de Besu esc... doit x iours de
« garde enla tourelle Marie de Morte-
« mer ; item le fye Jehan de Beau-
« mont esc... ; item le fye mons. Jour-
« dain de Frontebosc, chevalier (que)
« mons. Hue d'Ernemont tient·de li...:
« item le fye de Menville... que « En-
« gerren de Marreigny ltient...; item
« le fye Giles de Gamaches esc. à Ta-
« lemoustiers au Veiguessin le Fran-
« cès... » (1)

Philippe le Bel donnait en contre-
échange la terre de Tourville et ses
dépendances (2) et par lettres du mois
de janvier 1290 (1291 n-s) leur donnait « de surplus à titre dudit échan-
« ge les choses cy-après déclarées, à
« savoir :

« La terre de Mandeville de la va-
« leur de 90 l. 5 s. tournois de rente,
« comme aussi aud. village en domai-
« ne fieffé 13 s. tournois de rente,
« comme encor le bois de Trousse-
« bout de valeur de 22 l. 12 s. tour-
« nois de rente, de plus une acre et
« demie de place vague et vide proche
« le dit bois de valeur de 9 s. tour-
« nois de rente... le patronage de l'é-
« glise de St-Xphe (Christophe) de la
« Harengère, estimé de valeur de 25
« sols tournois de rente ; à Tourville,
« en terres, bois, prez, routes, cor-
« vées gratuites, moulins, moultes,
« services et exploits 40 l. tournois
« de rente... comme aussy... la tenure
« ou les hommages des nobles fiefs
« qui en relèvent scavoir : l'homma-
« ge de Geoffroy du Francboisier,
« homme d'armes, de son fief de la
« Troussebotière et de Montfort avec
« toutes ses dépendances, l'hommage
« de Guillaume Harenc, homme d'ar-
« mes, de son fief de La Harengère
« avec ses appartenances, comme
« aussy l'hommage de Criquebeuf-la-
« Champagne avec ses dépendances,
« appartenant à Jean Pescheveron,
« hommes d'armes ».

Ces lettres contiennent, en outre,
les dispositions suivantes :

« Lesquels époux nous ayant sup-
« plié de tout réunir en augmentation
« de fief à leur baronnie de Tourne-
« bu, nous leur avons accordé leur
« requeste et par la teneur de cette
« présente charte nous consentons
« qu'eux, leurs hoirs, successeurs et
« ayans cause tiennent et relèvent à
« l'avenir de nous et de nos suces-
« seurs toutes les choses susdites
« avec la terre, fief et baronie de
« Tournebu sans aucun changement
« ny augmentation de teneure ou de
« charge de service ou de rente. Le
« dit Jehan de Tournebu et ses héri-
« tiers pourront en tous les lieux et
« fiefs susdits et leurs dépendances
« faire exercer toute pleine justice
« pour exiger leurs rentes, homma-
« ges, aides, reliefs, services, moultes,
« redevances comme dans les autres
« membres et lieux de leur baronie
« de Tournebu, à telle condition enco-
« re qu'ils pourront vendre et exploi-
« ter lesdits bois quand il leur plaira
« sans que nous ayons retenu aucun
« droit de danger ny aucune portion
« telle qu'elle puisse estre pour nous
« ou nos successeurs ; retenant
« néantmoins la haute justice sur
« lesd. choses et la garde de Crique-
« beuf-la-Campagne quand il écherra,
« en sorte que nous nous obligeons,
« nous et nos successeurs, de garan-
« tir et assurer en toute fidélité les d.
« choses échangées aux dits époux, à
« leurs successeurs et ayans cause ou
« leur en faire échange ailleurs si
« nous voulons... (3).

Le seigneur du Bec-Thomas céda
peu après aux commandeur et chevaliers de la maison du Temple à St-
Étienne de Renneville, le droit de présentation et patronage de l'église St-
Ouen de Tourville-la-Campagne et divers immeubles en échange d'une rente de trois muids de blé et 100 l. tournois qui leur avait été donnée par

---

(1) Acte de janvier 1290 (1291 n. s.). Arch.
nat. Trésor des Chartes. Gisors 3. Carton F,
217.
(2) Les dépendances de la terre de Tourville
comprenaient notamment : Les hommages de
fiefs nobles tenus par Aubert de Longueval,
chevalier pour le fief de Maigremont, avec les
appartenances de : Osber de Freneuse, pour
son fief de ce nom, Geoffroy de Feuguerolles
pour son fief de Criquebeuf-sur-Seine, Guillaume Crocq, chevalier pour son fief de Saint-
Cyr, Robert de Neuvilette pour son fief de
ce nom. Guillaume du Désert pour son fief
du Val, Guillaume de Senlencques (Saint-Mes-
lin), Robert de Cantelou et Thomas de Solen-
ge (Soulenger).

(3) Charte du Jeudi d'après la Saint-Martin
d'été, 1298.

Jehan I de Tournebu (1298) (1)
Jehan II de Tournebu, baron du
Bec-Thomas, seigneur de Tourville-
la Campagne et La Londe mourut vers
la fin du XIII° siècle.

D'après quelques généalogistes, il
aurait eu pour enfants : une fille nommée Agnès, qui fut inhumée au Val-
Richer, et un fils, Guy, bailly de Caen
qui, après avoir fait partie de « l'hos-
tel du Roy » à la croisade de 1270,
siégea en 1283 au parlement convo-
qué par le roi de France pour juger le
différend survenu entre lui et le roi
de Sicile, Charles 1er (2).

Il prit séance au-dessus de Guillaume Crespin, maréchal de France, de
Jean d'Harcourt et autres seigneurs
de ce rang, immédiatement après Im-
bert de Beaujeu, connétable de France, de Jean, fils du Roi de Jérusalem
et divers autres.

Dans notre étude sur : *Tourville-
la-Campagne et ses Seigneurs* (3)
nous avons émis l'opinion, conforme
d'ailleurs à celle de Charpillon et
Caresme (4), que ce Guy de Tournebu était le frère et non le fils de
Jean II de Tournebu, les faits qui
les concernent étant contemporains de
ce dernier, les recherches que nous
avons faites depuis ne nous ont four-
ni aucun éclaircissement à cet égard.

Quoiqu'il en soit, Guy de Tournebu
était, à la fin du XIII° siècle, baron du
Bec-Thomas et nous trouvons de lui
des chartes en faveur des abbayes de
Notre-Dame du Val, de Saint-Etienne
de Fontenay et du Val-Richer.

Veuf en premières noces d'une noble damoiselle nommée Aliénor, il eut
d'un second mariage avec Jeanne
Crespin, fille de Jean Crespin, baron
de Dangu, trois fils : Jean qui lui succéda, Robert et Guy, et une fille appelée Jeanne.

Jean III, baron de Tournebu et du
Bec-Thomas, fut, en avril ou mai
1308, nommé par Philippe le Bel pour
instruire le procès des Templiers dans
le Languedoc. Il se rendit à Toulouse
avec les ducs de Bourgogne et de Bre-
tagne, les comtes de Flandre et de Ne-
vers et autres chevaliers.

Les services qu'il rendit à la cause

royale, lui valurent le collier de l'ordre du Roy (1313), et de 1336 à 1343
il siégea à l'Echiquier de Normandie.

Dans une assemblée de la noblesse
convoquée le 21 avril 1338, il siégea
avec les hauts barons.

En 1344, Philippe de Valois lui accorda les lettres patentes suivantes,
dont nous donnons le texte, parce ce
qu'elles sont une preuve de la haute
situation du sire de Tournebu et qu'elles montrent en quelle estime le tenait
le roi qui lui accordait une dérogation
à cette règle de notre droit coutumier
qui stipule que « nul en France, hors le
Roy, ne plaide par procureur ».

« Philippe, par la grâce de Dieu,
roy de France, à tous ceux qui ces
présentes lettres verrons, salut ; sçavoir faisons que Nous, de grâce spéciale, avons octroïé à nostre amé et
féal Jehan, sire de Tournebu, chevalier, que il, en toutes ses causes, meus
et à mouvoir, contre tous ses ad-
versaires, par devant tous juges sécu-
liers de notre royaume, en demandant
et en défendant, soit reçu par procureurs et atournés suffisants establis
par lettres patentes scellées de nostre
scel, hors Parlement jusques à un an,
et que lesdits procureurs et atournés
puissent commencier et mouvoir causes et querelles, icelles poursuivre et
mettre fin, bref prendre, requierre, ad-
journer... et autant en toutes choses,
comme le dit chevalier, feroit ou faire
pourroit se présent y estoit, nonobs-
tant la coustume du païs à ce contraire. Donné à Poissy le xxviii° jour de
mars en l'an de grâce mil trois cent
quarante quatre. »

Jean III de Tournebu mourut en
1346 ; comme ses devanciers il avait
fait diverses donations aux établissement religieux et l'on a de lui deux
chartes en faveur des abbayes de Barbery et de Villers.

De son mariage avec Jeanne Commin, fille de Jean Commin, sieur de
La Londe, étaient nés plusieurs enfants : Pierre, baron du Bec-Thomas,
Robert, sieur de la Vacherie, Jeanne,
et Marie qui épousa Robert de Bos-
cherville.

Pierre de Tournebu, baron du Bec-
Thomas, prit part, en 1346, à la défense du château de Caen assiégé par les
Anglais ; fait prisonnier par Thomas
Holland et conduit en Angleterre, il
sortit de captivité en laissant pour ota-
ge son fils unique, issu de son mariage avec Béatrix de la Roche-Guyon
et un enfant de Jean Martel, sire du

---

(1) La Roque : *Histoire d'Harcourt*.
(2) Charte de Janvier 1290 (1291 n. s.).
Arch. nat Trésor des Chartes.
(3) Broch. in-8°. Louviers (Izembert), 1898,
p. 7. — Bulletin de la Société d'Etudes diverses de l'arrondissement de Louviers, tome IV.
(4) Dict. hist. des Communes de l'Eure,
Bec-Thomas.

Mesnil-Patry. Ces deux otages moururent en Angleterre.

Le 5 avril 1356, le baron du Bec-Thomas se trouvait au château de Rouen avec le Dauphin et le roi de Navarre, Charles le Mauvais, ainsi que Jean Mallet, sire de Graville, le comte d'Harcourt, Despréaux, de Claire, Fricamp, Olivier Maubue et Jean de Vaubattu, lorsqu'ils furent surpris par le roi de France Jean le Bon.

Le samedi qui précédait les Rameaux en l'an 1355 (1356 n-s) dit la Chronique de Pierre Cochon, « le roi soudainement s'en vint de Gisors, par chemins estrangez, que nul ne peust apercevoir sa venue, et s'en vint par Ni-de-Quien, jouxte les fossez de la ville par dehors, et en plain dyner entre au chastel par la grosse tour, à grand quantité de gens d'armes, et lui aussi très fort armé ; et un de ses seigneurs d'armes, le plus notable, monte tout devant amont les degrez de la grande salle où les seigneurs dygnoient et faisoient bonne chère » (1).

Jean le Bon fit arrêter Charles le Mauvais, son chancelier Friquet de Fricamp et son écuyer Colinet Doublet. Le comte d'Harcourt, Jean Mallet, sire de Graville, Maubüe de Mainnemare furent également arrêtés ; les autres convives effrayés se sauvèrent en sautant par dessus les murs du Château.

La délibération ne fut pas longue et le sort des prisonniers fut vite réglé.

Pendant que le roi dinait, on rassemblait des charrettes et tout ce qui était nécessaire (pour l'exécution ; après son dîner, c'est encore par la tour qui avait livré passage au roi Jean pour pénétrer dans le château, que l'on fit sortir le Comte d'Harcourt, Jean de Graville, Maubüc de Mainnemare et Colinet Doublet, bientôt suivis, par la même voie, du roi, de son fils Charles et du comte de Tancarville pour assister à leur supplice.

« Et yssèrent par la grosse tour du chastel et montèrent contre mont Bouvereul et tournèrent au bout de Bouvereul, au quemin qui alloit droit au gybet, et quand ils furent au milieu de la cavée, se retournèrent à val ou Camp nommé le Camp du Pardon, où l'on vend les grands chevax à la foire du dit Pardon, et là furent les trois

chastiez. » Le billot apporté dans l'une des charrettes fut descendu ; le roi pressant lui-même le supplice, « dit de sa bouche, si haut que tous le oïrent : Traynez les corps de ches traites au gybet. », et si fis l'en. Et fut le vi° iour d'avril en karesme l'an de grâce mil CCCLV » (1356 nouveau style) (2).

Pierre de Tournebu échappa au supplice.

Nous le retrouvons en 1357 au siège de Longueville-en-Caux, avec le jeune comte d'Harcourt et Charles de Navarre ; deux ans après (11 et 12 mai 1359), il fit don au chapitre de la cathédrale de Rouen, représenté par Mrs Guillaume Jacob et Jean de la Roche, de 200 l. de rente à prendre sur « les « revenus de la baronnie du Bec-« Thomas sur les terres de Mande-« ville, Fouqueville et Oissel (3) ».

Une grande partie du pays était alors occupée par les Anglais, dont une armée, cantonnée aux environs de Bernay, commettait de nombreuses déprédations dans les villages voisins ; en 1363, le sire de Blainville, avec des troupes recrutées à Rouen et dans le Pays de Caux, résolut de mettre fin à ces ravages et vint rejoindre près du Bec-Thomas, Philippe de Navarre, qui, avec l'autorisation du roi, avait appelé à lui la noblesse normande. Il y eut à cette occasion un grand repas au château du Bec-Thomas ; sur l'ordre de Philippe de Navarre, deux barils de vin furent vidés dans une des fontaines du manoir où chacun put y venir puiser, et les convives firent si bonne chère « qu'oncques ne l'oublièrent » ; mais en sortant de la salle du festin, Philippe de Navarre, échauffé sans doute par de trop nombreuses libations, fut saisi par la fraîcheur de la nuit et mourut peu après à Vernon où il avait été transporté. Les chevaliers, au nombre desquels se trouvait le baron du Bec-Thomas, allèrent sous les ordres du duc de Blainville, se joindre à Du-

---

(1) Chronique normande de Pierre Cochon. Éd. Ch. de Beaurepaire, p. 83.

(2) Chronique de Pierre Cochon, p. 85, 87, F. Bouquet, Notice sur le Donjon de Philippe-Auguste à Rouen. 1877, p. 10, 12.

(3) Des rentes assises sur la terre de Fouqueville, comprenaient notamment : 53 chapons à 15 deniers la pièce, 2 gélines à 10 d. l'une, 13 oies à 18 d., 16 setiers et 7 boisseaux de blé à 24 s. le setier, 8 setiers et 10 boisseaux de seigle à 16 s. le setier. 77 setiers et 1/2 et 4 boisseaux d'avoine mesuré du grenier, valant à la mesure d'Evreux 71 setiers, 10 boisseaux et 3/4 à 12 s. le setier, et 120 œufs valant ensemble 2 s. 6 d.

guesclin, qui, après avoir pacifié le Vexin, chassa les Anglais du Bec-Hellouin et de Bernay. Puis, pendant que le baron de Caux mettait le siège devant Acquigny et s'en emparait, après une vigoureuse résistance, le sieur de Beaumesnil, le baron du Bec-Thomas et autres, assiégèrent Evreux et Echauffour (1364).

A une époque que nous ne pouvons préciser, mais certainement antérieure à 1377, Pierre de Tournebu échangea les terres de Tourville-la-Campagne et de La Londe-Commin avec Guy de Tournebu d'Auvillers, son cousin, contre les seigneuries de Grimbosc et de La Motte-Cesny.

Après le décès de Béatrice de la Roche-Guyon, le baron du Bec-Thomas, épousa en secondes noces, en 1377, Jeanne de Saint-Jean, nièce du connétable Du Guesclin, à laquelle il donna devant le bailly de Caen, 600 florins d'or, dont 4000 à prendre sur la baronnie de La Motte-Cesny.

Les dépenses que Pierre de Tournebu avait faites pour le service du roi avaient obéré son patrimoine ; poursuivi par de nombreux créanciers et n'ayant point d'enfants, il vendit en 1380, la baronnie du Bec-Thomas et de Tournebu, à Girard de Tournebu d'Auvillers, son cousin, en s'en réservant seulement l'usufruit avec le titre de baron.

Girard de Tournebu rendit aveu au roi pour la baronnie du Bec-Thomas, le 14 février 1401. Il mourut peu après (1).

A cette époque le contrat de vente dont nous venons de parler fut attaqué. Jean de Tournebu, fils de Robert, sieur de La Vacherie et neveu de Pierre de Tournebu, rentra par voie d'échange dans la propriété du Bec-Thomas et transigea, en qualité de représentant de Pierre de Tournebu, avec la veuve de celui-ci, Jeanne de Saint-Jean, « sur toutes les prétentions que « Jeanne de Tournebu aurait à la succession de Pierre de Tournebu, mort « en juin 1393, tant pour 2000 escus « qu'elle avoit payés en échange de « terres de Tourville et La Londe qu'il « avoit eschangées avec Guy de Tournebu contre la baronnie de La Motte-Cesny et Grimbosc, que pour la « terre de la Vacherie qu'elle préten-« doit avoir été rachetée par le defunct « Pierre de Tournebu après la vente « faicte par Robert son frère qui l'avoit « eue premièrement en partage ». Cette

transaction, faite sous l'arbitrage d'Olivier Du Guesclin, frère du connétable, et du comte de Longueville, eut lieu moyennant 50 livres de rente au profit de la dite dame. Enfin le douaire de la dame de Saint-Jean fut liquidé entre elle et Jean de Tournebu, son neveu, à 200 livres de rente viagère à prendre sur les terres de Tournebu, Bec-Thomas et La Motte-Cesny (2).

Jean IV de Tournebu, chevalier, baron de Tournebu, échanson du roi, prit part, en 1423, à la défense du Mont-Saint-Michel contre les Anglais (3), et fut un des otages remis pour garantir la rançon de Jean II, duc d'Alençon, fait prisonnier à la bataille de Verneuil (1424). Mais à cette époque, il n'était plus baron du Bec-Thomas. Après avoir épousé Alix Poignant, en 1406, « ayant des dettes et la baronnie de Tournebu étant chargée du douaire de la dame de Tournebu, veufve de feu Pierre en son vivant seigneur de ladite baronnie », oncle de Jean IV de Tournebu, celui-ci par lettres de mai 1406, avait été autorisé, par le roi de France, à démembrer sa baronnie du Bec-Thomas de celle de Tournebu et, par contrat, devant les notaires du Chatelet de Paris, du 11 septembre 1406, avait vendu le Bec-Thomas à Thomas Poignant, bailli d'Harcourt, père ou frère de sa femme, auquel, peu de temps auparavant, il avait déjà cédé les fiefs et seigneurie de La Motte (4).

2. FAMILLE POIGNANT

Thomas Poignant, baron du Bec-Thomas en 1406, descendait d'une vieille et illustre famille normande. Ses ancêtres avaient pris part à la conquête de l'Angleterre par le duc Guillaume de Normandie, et plusieurs membres de sa famille avaient possédé des domaines de l'autre côté de la Manche. Avant d'être baron du Bec-Thomas, il avait rempli un certain rôle lors de la fameuse révolte de Rouen, connue sous le nom de « la Harelle » où il avait su, par son habileté, sauver sa tête et ses maisons que l'on commençait à démolir.

Thomas Poignant rendit hommage au roi pour sa baronnie du Bec-Thomas, le 22 septembre 1406 ; il était

---

(1) La Roque, *Histoire d'Harcourt*.

(2) Tabellionnage de Rouen.
(3) D. Huynes, *Histoire générale du Mont-Saint-Michel*. — Bibliothèque nationale, F. lat. n° 530.
(4) La Roque, Histoire d'Harcourt, I, p. 227.
Tournebu : D'argent à la bande d'azur.

14

alors conseiller au bailliage du Pont-
de-l'Arche.

Le domaine avait été mis en la main
du Roi jusqu'à ce que Thomas Poignant ait justifié de l'acquit des droits
de reliefs et treizièmes s'élevant à 600
livres ; cette justification ayant été
produite, mainlevée de la saisie fut
donnée le 27 septembre 1409.

Fidèle à la cause du roi de France, il
vit, lors de l'invasion anglaise de 1418,
son château du Bec-Thomas pillé et
détruit.

Le 11 juin 1418 (1919 n. s.), le roi
d'Angleterre prononça la confiscation de
ses biens.

Le 27 du même mois, Henry V man-
da au bailli de Rouen de laisser Guillaume Poignant, qui avait embrassé le
parti anglais, jouir des terres et seigneuries qui furent à Thomas Poignant
« rebelle » (1). Des biens furent également donnés à Jacques Poignant, vi-
comte de Rouen en 1420 (2) et à Jean
Poignant, chevalier, maintenu de noblesse par Henry V en 1423.

Henry V d'Angleterre étant venu
s'installer à l'Abbaye de Bontport le 29
juin 1418 et se trouvant encore au camp
le 21 juillet suivant, donna aux Religieux de cette abbaye les Terres et seigneuries du Bec-Thomas ayant appar-
tenu à Thomas Poignant (3).

En janvier 1426, des lettres de remis-
sion furent accordées par le roi d'Angleterre à Guillaume Mulon, de la paroisse de Fouqueville et du Bec-Thomas, ancien serviteur de Jehan Poignant, chevalier, qui avait suivi son
maître à Dreux où il s'était réfugié (4).

L'abbaye de Bonport jouit de la baronnie du Bec-Thomas jusqu'en 1449,
époque à laquelle elle fit retour à Thomas ou Thomassin Poignant, fils de
Thomas.

Le 12 août 1450, Thomassin Poignant ou Pougnant présenta une sup-
plique à l'effet d'obtenir un délai pour
rendre aveu ; il lui fut accordé un sur-
sis d'un an.

Par décision du 8 août 1453, il
eut un nouveau délai « pour bailler
aveu et jouyr jusqu'à Noël, époque où
il devait bailler dénombrement à peine

de 20 marcs d'argent au profit du
Roy ».

Il rendit hommage au roi de France
le 19 décembre 1453, mais ne put fournir le dénombrement de ses fiefs et possessions. Il en expliqua ainsi la cause :
« à l'occasion des guerres et que par
« longtemps les Anglois ont occupé ma
« dicte terre, moy estant et tenant com-
« me tous iours ay faict le party du
« Roy, nostre dict seigneur, pourquoi
« mes chartes et escriptures ont esté
« pardues, adirées et esgarées, aussi
« ne puis-je bonnement avoir cognois-
« sances des droictures de ma dicte
« seigneurie. »

Thomassin Poignant avait épousé, en
1452, Marié Vipart, fille de Jean Vipart
et de Caroline ou Robine de Bethen-
court qui lui avait apporté en mariage
la terre de Bailleul située à La Harengère et 400 livres tournois. Il mourut
en 1471.

Le 13 mai 1473, délai fut accordé
pour l'acquit de l'hommage et de l'aveu
de la Baronnie du Bec-Thomas à Marie
Pougnant, dame de Baunay, sa sœur
et à Jean de Thère, Guy des Essarts et
Jean de Meullenc, époux des nièces
dudit Pougnant. Le délai est motivé par
l'éloignement des héritiers de 30 à 40
lieues l'un de l'autre et parce qu'ils sont
occupés au service dans les armées du
Roi (5).

Mais dès 1472 la Baronnie était de-
venue la propriété de Jean Vipart, beau-
frère de Thomassin, qui, le 11 mai de
cette année, recevait quittance du payement fait par lui au roi « des droits
de relief dus par la succession de Thomas Pougnant et du treizième qu'il devait à cause de l'acquisition des trois
quarts et demi de la baronnie faite des
héritiers dudit Pougnant ».

3. Famille Vipart

Famille de Sabrevois

Jean Vipart, écuyer, seigneur du Val,
avant d'être propriétaire du Bec-Thomas, après avoir obtenu le 7 avril
1472 et le 17 mai 1473 des délais pour
passer aveu, rendit, le 22 juin 1473,
hommage au roi pour la baronnie du
Bec-Thomas, relevant de la chatellenie
du Pont-de-l'Arche. Il ne posséda que
fort peu de temps cette terre ; n'ayant
point eu d'enfants de son mariage avec
Guillemette d'Ancre, il transmit, en

<hr>

(1) A. Le Prévost. Mémoires et Notes, etc.
V^o Bec-Thomas.
(2) Farin. Histoire de Rouen, 2e édition,
T. I., p. 195.
(3) Bréquigny. Rôles Normands et Français,
1431. L. de Duranville. Hist. de Pont-de-l'Arche et de Bon-Port, p. 173.
(4) Actes de la Chancellerie d'Henry VI, concernant la Normandie, sous la Domination
Anglaise (1422-1435). Ed. Paul Le Cacheux, T.
II., p. 340.

(5) A. Le Prévost. Mémoires et Notes, etc.
T. I., p. 244.

1495, sa baronnie à son frère Nicolas, qui paya 100 livres tournois pour droits de cession.

M⁏ Nicolas ou Nicole Vipart, grand chantre et chanoine d'Evreux fit, le 22 octobre 1474, un accord relativement à la succession de Thomassin Poignant avec Mathieu Dupuis, représentant Marie Poignant, dame de Beaunay, sa mère ; il rendit aveu de la baronnie du Bec-Thomas le 14 mai 1475, entre les mains de l'évêque d'Evreux, Jean Héberge, garde du scel, en l'absence du grand chancelier. Nicolas Vipart mourut en 1478 et eut pour successeur Etienne Vipart, son frère.

Celui-ci, élevé par Louis de Morainvilliers, capitaine de Bourges, fut presque toujours à l'armée. Il transigea le 14 février 1479 avec les héritiers de Thomassin Poignant, son beau-frère et épousa, en 1483, Guillemette de Barville, dotée par Constantin, son frère, de 1.000 livres, dont 800 devaient être employées à acquérir des fiefs d'un revenu de 600 livres.

Diverses contestations survenues entre le baron du Bec-Thomas et les religieux du Bec-Hellouin aboutirent à une transaction devant M⁏⁏ Robert Ygou et Crespin Le Boullengier, tabellions en la vicomté de Pont-de-l'Arche (1488). Le baron reconnut et confirma la possession des rentes appartenant à l'abbaye.

Cette transaction est ainsi conçue :

« A tous ceulx qui ces lettres verront ou orront Pierre Roussel, garde du scel des obligacions en la vicomté de Rouen, salut.

« Comme plusieurs descords feussent meuz et pendans, ès assises du Pont-de-l'Arche, entre Religieux hommes les Relligieux, Abbé et Couvent de Nostre-Dame du Bec-Hellouin, d'une part, et Noble Homme Estienne Vippart, escuier, seigneur et baron du Bec-Thomas, d'autre part, d'iceux procès meuz en l'an mil iiii c. LXXV pour le descord de la teneure et hommage d'un tènement ou aisneche qui fut Ermenoult, assize en la paroisse du Bocasselin (1) contenant quatorze acres de terre ou environ de présent appartenant à plusieurs personnes jouxte d'un costé le chemin du Roy, d'autre costé Jeh. de Versy, par sa femme et plusieurs autres boutières, et des deux boutz plusieurs boutières, laquelle teneure cha-

cune des deux parties disoit à luy appartenir. C'est assavoir led. baron au droit de lad. baronnie et seigneurie du Bec-Thomas, et lesd. Religieux aux droit et tiltre des dons et omosnes qui de pieça leur ont esté faiz, confermez par les prédécesseurs d'iceluy baron, sur quoy tellement avoit esté procédé que après déclaracion baillée par les tenans esd. religieux et que par lesd. tenans avoir esté recongnu que lad. aisnesche ou tènement estoit subjette et redevable ausd. religieux en treze septiers de grain de rente par chascun an, c'est à sçavoir six septiers d'orge, six septiers avoine et ung septier de froment, mesure du Bec-Thomas, et qu'ils avoient acoustumé de tout temps païer icelle rente ausd. relig., aussi que par led. baron ou son procureur avoit esté dit qu'il n'entendoit point empescher iceulx relig. en la perception d'icelle rente, mais seullement en la teneure par eulx prétendue... avoit esté termée par ent. eulx pour led. descord d'icelle teneure. L'autre et second descord meu en l'an mil iiij c iiij xx et deux pour ce que iceluy baron avoit usé et usoit de prinses et arrestz de plusieurs rentes et revenues que ont iceulx relig. ès paroisses de Foucqueville, Sainct-Xofle de la Harenguière (2), Bec-Thomas, Sainct-Germain-du-Pasquier, Sainct-Pierre-des-Carquiex (3), Bocasselin et illec environ en lad. baronnie du Bec-Thomas, et icelles rentes et revenues à luy apliquer et acquérir en vertu d'icelles prinses jusques ad ce que iceulz relig. les eussent advoué de luy en lad. baronnie ; pour lesquelles empescher avoient iceulx relig. obtenu ung mandement de justice pour estre receus à mectre en main de justice la teneure desd. rentes et revenues, disans que de tout le temps de leur d. monastère ilz ne sont tenus que à faire serment de féaulté au Roy, notre sire, ou bailler adveu ou dénombrement en la Chambre des Comptes et non à autres ; tendoient aussy par led. mandement à deffendre lesd. prinses et que led. baron n'en povoit user pour leur empescher la jouissance desd. rentes ; veues plusieurs chartres et escriptures qu'ils portoient du fait et obligation des prédécesseurs d'iceluy baron, aussi la longue et continuelle possession, qu'ilz avoient eues d'icelles rentes et revenues par tel et si long temps qu'il n'es-

---

(1) Saint-Nicolas-du-Bosc-Asselin, paroisse comprise actuellement dans les communes de La Saussaye et du Thuit-Anger.

(2) Saint-Christophe-de-la-Harengère.
(3) Saint-Pierre-des-Cercueils, aujourd'hui Saint-Pierre-des-Fleurs.

16

toit mémoire d'homme, au contraire,
sur quoy tellement avoit esté procédé
que, après déclaracion baillée par lesd.
relig. aud. baron, icelluy baron avoit
consenti et accordé ausd. relig. qu'ils
jouissent par provision desd. rentes et
revenues, le procès pendant, ainsi qu'il
apparoit plus à plain par lettre, de ce
portée, donnée ès assises dud. Pont-de-
l'Arche, tenues le xv° jour de septembre l'an mil iiij c iiij xx et cinq, et
depuis lad. matière delaye (?) en espérance d'appoinctement, sçavoir faisons que pardevant Robert Ygou et
Crespin Le Boullengier, tabellions ju-
sez de lad. vicomté pour le Roy, nostre
sire, furent présents relig. hommes
frère Jeh. Delisle, omosnier de lad. Abbaye du Bec et Maistre Pierre Lambert,
procureurs des aut. Relig. Abbé et Couvent de lad. Abbaye du Bec-Helluin,
ayans pouvoir spécial, entre autres choses, de pacifier, traicter et appoincter
desd. descordz et procès, comme par
procuration faicte et passée sous le
sceaulx de lad. abbaye le xxiij jour
d'avril l'an mil iiij c iiij xx et huit
après Pasques, d'une part et led. baron
du Bec-Thomas, d'aut. (part) lesquels
congneurent et confessèrent ce que
dict est estre vray et leur dict appoinc-
temen estre tel.

« C'est assav. que icelluy baron, après
ce qu'il eust veu aucunes chartres et
escriptures a luy monstrées par led.
relig. et eu regard en icelles et aux lon-
gues et continuelles possessions en
quoy estoient iceulx relig. desd. rentes,
terres et revenues, voulut, consentit et
accorda pour luy, ses hoirs et ayant
cause, en ensuivant le contenu esd.
chartres que iceulx. relig. et leurs successeurs aient, tiennent et possèdent
paisiblement à tous iours ores et pour
le temps advenir lesd. rentes et revenues
qu'ils ont et onct accoustumé d'avoir,
prendre et lever auxd. lieux de Foucqueville, Bec-Thomas, la Harenguière,
les Sarquiex (1), le Pasquier (2), Bocasselin (3), et ailleurds en sad. baronie, de partie desquelles est faicte men-
cion ès memoriaulx et escriptures dud.
procès, à les prendre et perchevoir sur
les hommes, tènements et héritaiges ad
ce subjetz jouxte et ainsi que deues
sont, à iceulx relig. avec les reliefs et
xiij° d'icelles, xiiij acres de terre assises aud. lieu du Boccasselin, cy-des-
sus bornées, tant seulement pour lesquelles rentes, reliefs et xiij° desd. et

(1) Saint-Pierre-des-Cercueils.
(2) Saint-Germain-de-Pasquier.
(3) Saint-Nicolas-du-Bosc-Asselin.

amendes pour rente non païée lesd. relig. pourront user de contrainte sur les
hommes et héritages ad ce subjetz soit
par le prévost de lad. baronie ou par
le sergent de la haulte justice, par
mandement ou commission adrechant
aud. sergeant au choys et opcion desd.
relig. En eult consenti et accorda iceluy baron que s'il advenait que par
l'ouse de fief, forfaicture, faute de hoir
ligne extaincte ou aultrement, par quelque voye que ce soit, que lesd. héritaiges
subjetz et redeuables en rentes auxd.
relig. retornassent ou vinssent en ses
mains, que iceulx prennent, ayent leurs
d. rentes sur iceulx héritaiges et lesd.
reliefs et xiij° sur lesd. xiiij acres de
terre du dict Bocasselin, tant seulement
et iceulx, procureurs, en usant du pouvoir à eulx donné par lad. procuration, consentirent et accordèrent, en
tant qu'à eulx touche ou peut toucher
que icelluy baron ait la cours et usaige,
justice et jurisdicion desd. hommes......
et corvées telles que deues lui sont et
se départirent de lad. teneure par eulx
prétendue et soutenue. Aussy consentirent iceulx, en tant que touche lesd.
Relig. Abbé et Couvent, que ès pleds
de lad. baronie lesd. hommes advouent
à tenir lesd. héritaiges dud. baron à la
subjection des rentes et redevances
deues aux d. Relig., Abbé et Couvent
dud. lieu du Bec, sans que l'obmission
qui seroit faicte par lesd. hommes de
mettre et employer lesd. rentes et redevances èsd. adveux fasse ou porte aul-
cun préjudice à iceulx relig. et auxquels adveux iceulx relig. pourront asseoir blasmes, se faire le veullent ».

Etienne Vipart était en 1492 homme
d'armes de la compagnie de Charles
d'Harcourt, seigneur de Beuvron.

Vers 1493, il fit reconstruire le château du Bec-Thomas, détruit par les
Anglais, et relever la chapelle du manoir ; il mourut très âgé, au Bec-Thomas le 25 décembre 1527, laissant une
grande réputation de libéralité.

Il avait consigné, en abrégé, les dépenses faites pour la reconstruction du
château, sur un registre relié en veau,
dont la couverture, garnie de plaques
de cuivre, portait cinq clous de même
métal à chacun des angles ; ce registre
aujourd'hui disparu, existait encore en
1790 (4).

Hector Vipart, sieur de la Troussebotière, né du mariage d'Etienne Vipart
et de Guillemette de Barville, succéda
à son père.

(4) Le Prévost, Mémoires et Notes, T. I,
p. 244.

Page, chez l'amiral de Graville, homme d'armes en la Compagnie du duc d'Alençon, il avait fait plusieurs voyages en Italie, avait pris part à plusieurs batailles, et était « fort savant en la guerre », dit la généalogie de sa famille.

Fait chevalier de la main du Roi sur le champ de bataille de Marignan (1515), il avait l'estime de tous ceux qui l'approchaient ; il avait épousé le 12 juin 1524 Marguerite d'Amfreville-sur-Iton, fille de Jacques, seigneur d'Amfreville-sur-Iton, Apremont, Bacquepuis et autres lieux et de Marie de Poissy, fille de Thibault.

Devenu baron du Bec-Thomas, il fut, en 1527 et 1549, député de la noblesse du Bailliage de Rouen aux Etats de Normandie (1) ; à sa mort, arrivée vers 1550, il laissait trois fils : Jean, Claude et Nicolas, et deux filles : Françoise, qui épousa Jean de Sabrevois, écuyer, sieur de Richebourg, et Ysabeau qui se maria avec Antoine de Bellenvilliers.

Le 20 mai 1543, Hector de Vipart avait présenté et fait recevoir trois hommes d'armes (arquebusiers) qui étaient Jacques Mallortie, Jean Berrier et Pierre Boivin, « tous bien et suffisamment équipagés », il déclarait alors que la Terre du Bec-Thomas pouvait valoir de 600 à 700 litres de rente.

Jean Vipart, IIe du nom, rendit hommage, tant en son nom qu'au nom de la cohérie, en 1552, et mourut en 1554, sans laisser d'enfants de son mariage avec Marie de Mailloc (2) ; par suite de son décès, un nouvel aveu fut souscrit par Claude, son frère, en 1555 (2 mars).

Celui-ci, ainsi que son frère Jean était chevau-léger sous la charge du sieur de Randon, qualifié de seigneur en partie d'Apremont. Il avait été exempté de la contribution d'arrière ban (3) ; il fut nommé, le 13 mai 1566, député de la noblesse du Bailliage de Rouen aux Etats de Moulins ; il s'excusa, nous ne savons pour quelle cause, et fut remplacé par Gilles de Saint-Pierre, sieur des Authieux (14 mai) (4).

Il acheta des religieux de l'abbaye de Saint-Ouen de Rouen, le bois de Saint-Didier, sis paroisse de ce nom. Cette cession, faite sous différentes réserves mal conçues ou mal interprétées, bien

que confirmée par une sentence du Bailliage de Rouen du 15 novembre 1564, donna lieu à de nombreux procès. Claude Vipart rendit aveu de ce domaine en 1570, mais, par la suite, les religieux de Saint-Ouen rentrèrent en possession de cette terre qu'ils revendirent par acte du 14 avril 1575, à Richard de Nollent, seigneur de St-Cyr.

Claude Vipart mourut vers l'année 1570, et Nicolas Vipart, IIe du nom, son frère puîné, seul possesseur de la baronnie, en rendit aveu la même année ; il prit dans cet acte le titre de chevalier et déclara avoir racheté les droits de Tiers et Danger dans ses bois.

Il reçut le 19 juillet 1572 une déclaration du Chapitre de La Saussaye relative à quatre pièces de terre sises à Saint-Pierre-des-Cercueils, contenant 2 acres 2 vergées 15 perches, faisant partie de l'Aînesse Versy.

Le 11 octobre 1575 il obtint exemption de l'arrière ban pour ses fiefs de Bacquepuis, La Fouctière et Arnières.

En 1577, il fit frapper des jetons d'argent à ses armes, portant à l'avers un écu en bannière, à un aigle à deux têtes, et en exergue : « Nicolas de Vipart ». Sur le revers se trouvait un écu en bannière à un lion et en exergue : « Baron du Bec-Thomas. — 1577 ».

En 1583, il est chevalier de l'Ordre du Roy.

Il est à cette époque, possesseur du Fief de la Métairie, sis à Acquigny, dont il avait hérité, en 1570, de Catherine d'Amfreville et qu'il conserva jusqu'à sa mort (5).

En 1584 (7 novembre), il est député de la Noblesse du bailliage de Rouen aux Etats de Blois ; il est de nouveau le 27 juillet 1588 délégué pour représenter cette même Noblesse aux Etats tenus également à Blois le 15 novembre suivant (6).

Mais ce déplacement ne s'était pas fait sans de grands frais ; les dépenses pour le train de maison, les gentilshommes qui accompagnaient le baron, les pages, les serviteurs et les laquais s'élevèrent à 12 ou 15 livres par jour.

Le baron du Bec-Thomas, par lettres patentes du Roi, données à Blois le 23 janvier 1589 obtint de se faire rembourser ce qui lui était dû pour ses jour-

---

(1) Farin, Histoire de Rouen, T. I., p. 209.
(2) Sa veuve épousa en secondes noces Nicolas de Pommerval.
(3) En 1557, ses fief et baronnie valaient 1025 livres de rente.
(4) Farin, Histoire de Rouen, T. I., p. 216.

(5) Abbé Lebeurier, Acquigny (Annuaire de l'Eure, 1862, partie historique, p. 68). Aveu d'Acquigny du 3 janvier 1584 (archives Seine-Inférieure). Le Prévost, Mémoires et Notes, etc. V° Acquigny.
(6) Farin, Histoire de Rouen, T. I., p. 221.

nées tant « par les chemins » que pendant son séjour à Blois. Il fut compté 10 journées pour organiser l'équipage, 6 journées pour le voyage et 146 journées pour le séjour ; l'indemnité fut fixée à 5 livres sols, soit 15 livres tournois par jour.

Les réclamations faites par Nicolas Vipart aux autres nobles restèrent sans effet et ce ne fut que beaucoup plus tard, en septembre 1605, que son neveu et héritier, Jean de Sabrevois, baron du Bec-Thomas, obtint de nouvelles lettres fixant la taxe des frais de voyage, qui ne fut définitivement assise qu'à cette époque.

Pour l'asseoir on utilisa les registres du Ban et de l'arrière ban tenus pour le service du roi en 1587 et 1593. Le greffier fit un rôle que collationna le lieutenant-général du bailliage de Rouen, des taxes des personnes sujettes à cette taxe qu'il reconnut « monter et revenir à 15833 livres tournois 8 sols 5 deniers ». La somme due au baron du Bec-Thomas, y compris les frais de justice et de taxation, s'élevant à 2442 livres, chaque fief devait payer 3 sols 1 denier pour livre de la taxe du ban. Jean de Sabrevois obtint en 1609 mandement pour le recouvrement de la taxe ; malgré ses diligences, il y eut beaucoup de « non valeurs » et la somme recouvrée fut loin de couvrir les dépenses (1).

Nicolas Vipart, malade, se fit dispenser du commandement de l'arrière-ban le 4 juillet 1594 et le 18 juin 1597. Un document de cette dernière date porte que le baron du Bec-Thomas est âgé de 63 ans et que continuellement il reste indisposé de sa personne, tant à raison de son *antiquité* qu'à l'occasion des blessures qu'il a eues au service des précédents rois ; il fut en conséquence dispensé d'être homme de cheval.

Passionné pour la chasse, il obtint le droit de chasser dans diverses forêts et garennes et particulièrement dans les bois de Saint-Ouen de Lery.

Il mourut sans enfants, vers 1600 ; il était si charitable qu'on le nommait le Grand Aumônier. Ayant vendu son blé pour le livrer dans un temps donné, et une famine étant survenue, il donna ce blé aux pauvres et indemnisa son acquéreur, disant qu'il en était venu d'autres plus pressés, de la part de Dieu ; ses anciens serviteurs assurèrent que ses greniers se trouvèrent néanmoins remplis par un miracle.

Nicolas Vipart était si brave qu'ayant un œil sorti de l'orbite par un coup de pique, lors du siège de Rouen, lorsqu'il était à la tête de son régiment, alors qu'on voulait lui replacer l'œil qui pendait, il l'arracha et le jeta à terre, en disant : « Par mon Dieu, le voilà ! » et monta à l'assaut.

A la mort de Nicolas Vipart, la baronnie du Bec-Thomas passa à la branche ainée de la famille Vipart-Silli dans la personne de Françoise Vipart, mariée en 1546 à Jean de Sabrevois, seigneur de Richebourg et Saulx, puis à Jean de Sabrevois, son fils et aux deux sœurs de celui-ci : Jacqueline, femme de Louis de Sainte-Marie, seigneur de Caënchy et Anne qui, en 1585, avait épousé Jacques de Beaulieu, fils de Floridas de Beaulieu (2).

Le 22 août 1609, Jacqueline de Sabreuvoys (sic), femme de Me Loys de Saincte-Marye, chevalier, sieur de Caënchy, gentilhomme ordinaire de la Chambre du Roy, autorisée par justice à la poursuite de ses droits et d'avec lui séparée quant aux biens et Anne (ou Jeanne) de Sabreuvoys, femme séparée quant aux biens de Jacques de Beaulieu, écuyer, sieur du lieu, toutes deux héritières de feu Me Jean de Sabreuvoys, aussi chevalier et baron du Bec-Thomas, frère des dites dames, procédèrent au partage de la Baronnie. Terre et Sieurie du Bec-Thomas, et de ses appartenances.

La dame de Caenchy eut le Manoir seigneurial, avec écuries, fournil, grange, pressoir, étables, colombier, haute et basse-cour, le tout clos de murailles,

Garenne et jardin fruitier de une acre et demie devant le manoir.

Le Petit Parc, contenant 8 acres avec plan, herbage, près la Vigne, maison et chenil.

Une futaie, le bois Grand Jehan, le Clos du Moulin Guillaume, des prés, un étang le tout contenant 60 acres.

La Cousture des Anglès (sic), contenant 48 acres.

Près de l'Eglise, les Halles et une réserve de 7 acres joignant la chaussée de l'étang de l'Omône (sic).

Le Bois du Cornet, contenant 24 acres.

---

(1) Bibliothèque Nationale, Ms. Fonds Français, 5353, Bibliothèque de Rouen, Ms. M. 231.

(2) Vipart : D'argent au lion de sable, armé et lampassé de gueules.
Sabrevois : D'argent à la fasce de gueules accompagnée de 6 roses du même, 3 en chef, 3 en pointes.
Nicolas Vipart avait fait don à Anne de Sabrevois, sa nièce, d'une somme de 10.000 livres dont Jacques de Beaulieu donna quittance le 15 avril 1580.

Diverses pièces de terre, triages du Clos d'Espaillard, du Pré du Bec, des Buissonnets, des Bois de Lymare, de la Boullaye, de la Motte du Bosc-Harel, d'Auvillers, du Chemin des Poissonniers, paroisses du Bec-Thomas, de Fouqueville, de Saint-Germain-de-Pasquier, et Saint-Pierre-des-Cercueils, contenant ensemble environ 31 acres.

Une maison et briqueterie, à Fouqueville.

Le Bois de La Haye-Nicole, à Saint-Germain-de-Pasquier, contenant 18 acres, dont les droits de tiers et danger sur 20 arpents avaient été rachetés le 3 mars 1573, par Nicolas Vipart, moyennant une rente de 12 deniers.

Madame de Caënchy avait en outre le droit de présentation au bénéfice-cure de Saint-Pierre-des-Cercueils et à la chapelle du Bec-Thomas.

De son lot relevaient les fiefs nobles de Montpoignant, à St-Ouen-de-Poncheuil, du Bosc-Féret au Thuit-Signol, de Montfort à Saint-Denis-des-Monts, de Landemare à Fouqueville, de Port-Pinché à Saint-Pierre-des-Cercueils et la Terre et seigneurie de Bacquepuis.

Elle recevait aussi :

1800 livres de rente hypothèque constituée par noble homme Hector de Vipart, vivant baron du Bec-Thomas, sur l'Hôtel commun de la Ville de Rouen, par acte reçu par Tallon et Bataille, tabellions au Thuit-Signol, le 19 avril 1552 ;

Et 90 livres de rente à prendre sur la recette générale des Finances de Rouen, de la constitution de noble seigneur Nicolas de Vipart, vivant baron du Bec-Thomas par contrat passé devant les tabellions de Rouen le 10 novembre 1576.

Le lot attribué à Madame de Beaulieu comprenait :

Un manoir, assis au Mont-Héroult, bâti et édifié de maison, granges, étables, bergeries, pressoir et fournil, le tout clos de murs de bauge, contenant 3 acres, avec « droit de construire un colombier comme à demie baronnie appartient ».

Le Grand Parc du Bec-Thomas comprenant : Haut-bois, taillis, « places gayves et vagues », maison à demeurer, étables, le tout contenant 80 acres, clos de murs de bauge, dans lequel 27 arpens 37 perches en taillis, étaient ci-devant soumis au droit de tiers et danger racheté par Nicolas de Vipart, chevalier le 13 mars 1573 à charge de 12 deniers de cens et rentes.

Un labour à Fouqueville, à la Cous-ture à la Bosse, planté de pommiers et poiriers, contenant 27 acres.

Un labour à Fouqueville, à la Grande Cousture, contenant 28 acres.

Divers labours, masures, et terres, au Bec-Thomas, à Fouqueville, Saint-Germain-de-Pasquier et La Harengère, triages de la Petite Cousture, de la Cousture, de la Fosse au Ducy, de la Coustume Bras-de-Fer, de La Hoguette, de l'Epine du Hamel, du Vallot de Lymare, contenant ensemble environ 43 acres.

Un moulin à eau dit le Moulin Espaillard, sis au Bec-Thomas, avec les étables, l'étang au-dessus et le pré du Bec-Thomas, le tout contenant 7 acres.

La Masure et l'Herbage des Criquets, sis au Bec-Thomas avec un four à chaux.

Un plan, pâture et étang, sis au Bec-Thomas.

Un moulin à eau, dit le Moulin-Vorin, à Saint-Cyr-la-Campagne avec masure, maisons et granges.

Le Bois de Troussebout, à La Harengère, contenant 70 acres.

Le Bois le Castel au même lieu contenant 12 acres.

Le droit de patronage, du prieuré de Saint-Germain-le-Gaillard (1) et de la cure de St-Christophe-de-la-Harengère.

De ce lot relevaient les fiefs nobles de La Harengère, le Busc-Richard, Pescheveron à Criquebeuf-la-Campagne, Vincent, aux Célestins de Mantes à Fouqueville, La Serpe, au Vaudreuil et à Lery et Troussebout, à La Harengère.

Madame de Beaulieu recevait en outre :

4 livres de rente hypothèque dues par François Grimon et sa femme en vertu d'un contrat devant les tabellions du Thuit-Signol, du 9 avril 1581.

8 sols de rente sur le domaine du Roi en la Vicomté du Pont-de-l'Arche.

883 livres 6 sols 8 deniers de rente sur le domaine du Roi en la Vicomté de Montreuil ; cette rente acquise au prix de 10.600 livres par le feu sieur baron de Nonant, et depuis transportée à défunt Mr Nicolas de Vipart, baron du Bec-Thomas.

200 livres de rente à prendre sur Jean et Nicolas dits Behottes, frères, et Jean Bosc-Roger, tous de Louviers, ou leurs représentants par constitution faite par Hector de Vipart, suivant acte de Geoffroy Tallon et Jacques Bataille, tabellions au Thuit-Signol du 8 septembre 1551.

(1) Saint-Germain-de-Pasquier.

221 livres tournois de rente sur Jean Lemaistre et Nicolas Behotte ou leurs représentants de Louviers suivant constitution au profit de Hector Vipart, devant Robert Le Comte et Cardin Le Compte, tabellions à Amfreville-la-Campagne, du 5 février 1542.

140 livres de rente sur noble homme Jean Le Maillot, sieur de la Grue, constituées au profit de feu Hector de Vipart par contrat devant Geoffroy Tallon, tabellion au Thuit-Signol, du 28 avril 1552.

Enfin la Terre et Seigneurie d'Amfreville-sur-Iton avec le droit de patronage et de présentation au bénéfice cure dudit lieu.

Ces lots furent approuvés et jugés bien faits par arrêt du Parlement de Normandie du 22 mars 1610.

Le 12 janvier 1611, Madame de Beaulieu, tant pour elle que pour Madame de Caënchy rend aveu au Roi pour la Baronnie, Terre et Sieurie du Bec-Thomas et ses appartenances, ainsi qu'elle s'étend et comporte tant en chef que membres à cause de sa vicomté et chatellenie du Pont-de-l'Arche, par une pleine et ancienne baronnie appartenant aux dites dames « par la deffunction de feu M° Jehan de Sabrevoys, chevalier, baron du Bec-Thomas, leur frère », et « divisée pour le présent en deux demie baronnie par lots et partages faicts le 22° d'août 1609... »

« Laquelle terre, seigneurie et baronnie consiste en Justice et Juridiction, moyenne et basse, domaine fieffé et non fieffé, hommes, hommages, rentes en deniers, grains, œufs, oiseaux et autres espèces de rentes seigneuriales, moulins à eau, auxquels un baonnier, rivière, estangs, pescheryes, prez, pastures, herbages, boys de haulte futaye et taillis, chasse à toutes bestes en bois et garennes de la dicte terre et baronnie, halles, droits de remuidage, coustumes, péages, baon de vin, droit de présenter aux escolles d'icelle baronnye, parc pour emprisonner les bestes trouvées en dommage, champarts, corvées d'hommes, harnoys et chevaux, reliefs, treizièmes, aydés chevelz, garde de soubzaages, amendes, forfaitures de choses gaïves, avec droiture de tor et ver baon et autres prérogatives et prééminences qui à baronnye entière peut compéter et appartenir selon la coustume de Normandie, sans réservation. »

« Laquelle baronnye s'estend en la paroisse de Marbeuf, bailliage d'Evreux et aud. lieu du Bec-Thomas, ès paroisses de Sainct-Ouen-du-Pontcheuil, Sainct - Pierre - des - Serquieux, Thuit - Signol, Sainct-Nicolas-du-Bosc-Asselin, Sainct-Martin-de-la-Corneille, Sainct-Denys-des-Monts, Fouqueville, Sainct-Christophe-de-la-Harengère, Mandeville, Sainct-Cyr-la-Champagne, Sainct-Désir, Criquebeuf - la - Champagne, Crestot Sainct - Germain - de - Pasquier, Sainct Ouen-de-Léry, hameaux d'icelles paroisses et autres ès-environs en lad. vicomté du Pont-de-l'Arche, et autres vicomtés du Bailliage de Rouen et environs. »

Le domaine non fieffé comprend :

Rentes en deniers neuf vingt livres tournois (180).

Un moulin à vent assis en la paroisse de Criquebeuf-la-Campagne donné à fieffe par leurs prédécesseurs moyennant 20 livres de rente.

Chapons neuf vingts (180).

Poulets : Quatre vingts (80).

Oies : trente.

Bourres et canards : vingt six.

Une once de poivre.

Un demi agneau.

Œufs : cinq cents ou environ.

Blé : deux cents boisseaux ou environ, mesure du grenier dudit lieu du Bec-Thomas.

Avoine: 1800 boisseaux mesure dudit grenier du Bec-Thomas, dont il y en a 12 ou environ combles et foulés à 3 fois.

Seigle : 100 boisseaux ou environ à lad. mesure.

2 poulets et 2 pigeons.

Les Manoirs et Terres dont nous avons ci-dessus donné la désignation.

En celte baronnie, il y a sénéchal, greffier, sergent, messier et autres officiers.

De la Baronnie du Bec-Thomas relevaient les arrière-fiefs suivants :

« La terre et seigneurie de La Harengère qui est un seul fief entier, paroisse de La Harengère et un quart de fief nommé du Busc-Richard, scis paroisse de Criquebeuf-la-Champagne, lesquels fiefs possédés par Jacques de Nollent, baron de Saint-Julien, pour et au nom de damoiselle Marye du Busc, son épouze.

« Un fief entier nommé de Pescheveron, paroisse de Criquebeuf-la-Champagne à Claude de Lannoy, sieur de Houdan, ayant épousé damoiselle Louise de Luxes (?), duquel fief relève le fief Doynel, dont est tenant Richard de Nollent, sieur de Sainct-Cir ;

« Le fief Vivant qui est un huitième de fief, paroisse de Fouqueville, qui est possédé par les Célestins de Mantes ;

« Le fief de La Serpe qui est un

quart de fief assis à Léry à Anthoine Collas ;

« Le fief de Troussebout, huitième (de fief de haubert), paroisse de Saint-Nicolas-du-Bosc-Asselin à M⁰ Ozias de Bonifasse, chevalier de l'ordre du Roy, pour et au nom de Anne Deschamps, son épouze ;

« Le fief de Mont-Poignant plein (fief de haubert), paroisse de Saint-Ouen-du-Poncheuil, à Nicolas de Campion escuyer ;

« Le fief du Bosc-Ferey huitième (de fief de haubert) assis aux Hautes terres paroisse du Thuit-Signol, aux hésitiers de Jean Lamy ;

« Le fief de Montfort, paroisse de St-Denis-des-Monts, à Nicolas de la Barge ;

« Le fief de Londemare, quart de fief, assis paroisse de Fouqueville, à François Langlois ;

« Le fief de Port-Pinchey, assis paroisse de Saint-Pierre-des-Cerqueux, à Louis Boutttier » (1).

Jacqueline de Sabrevois, dame de Caënchy, autorisée par arrêt du Parlement de Rouen du 8 août 1613 à vendre la moitié de la Baronnie du Bec-Thomas pour acquitter la somme de 79876 livres 8 sols 6 deniers au payement de laquelle son mari avait été condamné par arrêt du même parlement du 30 juillet précédent, céda ses droits à sa sœur, Madame de Beaulieu, qui devint ainsi seule propriétaire du Bec-Thomas.

4. Famille de Beaulieu

Les premiers faits que nous trouvons à relater concernant la famille de Beaulieu sont loin d'être à l'honneur du baron du Bec-Thomas.

« Dans une soirée de janvier 1610, Jean-Maximilien de Graffart, écuyer, sieur de Mailly, accompagné d'un nommé Dugard, originaire d'Elbeuf, et d'un domestique, partit masqué, ainsi que ses deux compagnons, du château du Bec-Thomas où tous trois demeuraient avec le sieur de Beaulieu, baron du Bec-Thomas.

« Arrivés devant la maison d'un sieur Simon Mabire, où devaient avoir lieu ce jour-là des fiançailles du sergent Roussel, ils demandèrent à Mabire « s'il vouloit recevoir un *mommon* (défi de dés), en attendant les fiançailles », et

montrèrent l'intention d'assister à cette cérémonie à laquelle ils n'avaient point été invités.

« Sur le refus de Mabire de les recevoir, ils insistèrent et parurent vouloir entrer de force ; Mabire et ses gens leur résistèrent, une lutte s'engagea et le sieur de Graffart furieux de ce que son domestique avait été terrassé par Mabire, déchargea son pistolet sur celui-ci et le tua .

« On suppposa que Graffart de Mailly et Dugard avaient été envoyés par le baron du Bec-Thomas, ennemi juré de Mabire. Le Parlement condamna par contumace le baron du Bec-Thomas à avoir la tête tranchée et Graffart de Mailly et Dugard à « estre mis sur la roe ».

« Le sire de Mailly fut admis à lever la Fierte, mais le Parlement ne le délivra que pour la cérémonie ; il fut arrêté après le repas qui avait lieu chez le maître de la confrérie (2) ».

Nous ignorons quelle suite fut donnée à cette affaire.

Jacqueline de Sabrevois, dame de Caënchy, étant morte sans enfants, la terre d'Amfreville-sur-Ion qui lui était échue, fut de nouveau réunie au domaine du Bec-Thomas.

A la mort de la baronne du Bec-Thomas, en 1625, son fils, Jean de Beaulieu, lui succéda.

Il épousa, le 6 septembre 1629, Marguerite du Bosc, fille de M⁰ Léonor du Bosc, chevalier, seigneur chatelain de Radepont, Fleury-sur-Andelle, Anquetierville et Boudeville et N.-D. de Gonnelieu et de Marie de Briqueville, et sœur de Léonor du Bosc, député de la Noblesse aux Etats de Normandie en 1633 (3) ; il prenait alors les titres de chevalier, baron du Bec-Thomas, seigneur de Richebourg, Apremont, Saulx, Cerisay, Guerquesalle et Pont-de-Vie (4).

Dans le contrat de mariage, reconnu par elle le 11 février 1630, il lui donna un tiers de la terre d'Apremont-sous-Mantes, et un cinquième de celle de Richebourg-sous-Montfort, ou 3000 livres de rente. Il se réserva le droit de vendre Apremont et le vendit, en effet, en 1633 pour payer des dettes antérieures au mariage ; bien qu'il dut employer un tiers du prix, en remploi et garantie de la dot constituée par lui à sa femme, il ne le fit pas. La donataire

---

(1) Archives Seine-Inférieure, Registre des Fiefs. B. 201, n° 41. Bibliothèque de Rouen. Fiefs et Bénéfices. Ms. Y. 121, III. p. 125.

(2) Floquet, Histoire du Privilège de Saint-Romain, T. II.
(3) Farin, Histoire de Rouen, T. I, p. 14.
(4) Archives Eure, E.. 783.

soit qu'elle éut un tiers d'Apremont et un cinquième de Richebourg, soit qu'elle eut la rente, devait rendre à ses enfants ce qu'elle aurait reçu. Il avait cédé la terre d'Amfreville-sur-Iton à Guillaume Guyot, par contrat du 28 janvier 1629 (1).

Le 16 novembre 1629, il présente requête à la Chambre des Comptes de Normandie, sollicitant un délai de six mois pour rendre au Roi foi et hommage pour la Terre du Bec-Thomas « à raison de la malladye en laquelle il est détenu depuis six septmaines, causée d'une fièvre tierce quy lui oste l'espérance de recouvrer la santé de plus de troys mois de ce jour ». Il lui est accordé un délai de trois mois.

Les archives de l'Eure possèdent des aveux rendus au baron du Bec-Thomas en 1626, et 1644 (2), mais nous ne trouvons à relater aucun fait remarquable concernant Jean de Beaulieu.

Celui-ci mourut le 20 décembre 1644 et sa veuve fonda à Louviers un couvent de Pénitents du Tiers-Ordre (3). La dot de Marguerite du Bosc, évaluée 165.000 livres resta garantie sur le Bec-Thomas.

Du mariage de Jean de Beaulieu et de Marguerite du Bosc, étaient nés six enfants.

Charles, né le 3 janvier 1632 qui eut le Bec-Thomas ;

Léonor, commandeur de Fontaine, qui fut reçu chevalier de Malte le 15 février 1645 et qui, après avoir été Grand-Croix de cet ordre, chef d'escadre des Galères de France, mourut en 1702 (4).

Michel, chevalier, seigneur de Richebourg, né en 1636, inhumé au Bec-Thomas le 13 avril 1711 ;

Jean, né le 24 février 1641, « quatriesme fils de M. le baron », chevalier du Bec-Thomas.

Marie, née le 5 novembre 1642, qui épousa Me Charles Pigache, seigneur de Gonneville et fut inhumée au Bec-Thomas le 19 janvier 1716.

Et Anne, née le 5 février 1644 (5).

Le 9 avril 1650, Charles de Beaulieu, baron du Bec-Thomas, encore mineur, du consentement de Charles Le Comte,

chevalier, baron de Bouffé et d'Anne Le Metais, chevalier, sieur de La Haye le Comte, « ses conducteurs », baille à Jean de Saverne des Terriers, demeurant à Bon-Port la Terre et Baronnie du Bec-Thomas, en se réservant la chasse et un logement. Ce bail est fait moyennant un loyer de 10.000 livres par an.

Le baron du Bec-Thomas épousa, en 1655, Anne Bontemps qui, en 1652, était dame de la Maison d'Anne d'Autriche.

Ce fut en faveur de Charles de Beaulieu, que Louis XIV érigea la baronnie du Bec-Thomas en marquisat (juin 1656). Le nouveau marquis, maintenu de noblesse le 26 janvier 1668 avec son fils Charles et son frère Michel de Beaulieu, seigneur de Richebourg, est qualifié dans un aveu de 1677, de « haut « et puissant seigneur Messire Charles « de Beaulieu, marquis du Bec-Thomas, « seigneur chatelain à haultes justices « de Richebourg et autres, seigneur de « Fouqueville et autres lieux. (6) ». Il se distingua au service des armées du Roi, fut nommé gouverneur du Pont-de-l'Arche en 1690 (7) et se signala à la prise de Roses (8).

D'après les Notes du Premier Président Pellot sur la Normandie (1670-1683), le Marquis du Bec-Thomas avait de 15.000 à 20.000 livres de rente ; sa terre du Bec-Thomas valait 10.000 livres de rente.

Le 28 septembre 1675, Charles de Beaulieu fit donation à la Chapelle Ste-Catherine, fondée en son château du Bec-Thomas des dîmes novales des défrichements faits et à faire en ses parcs clos et prairies (9).

Un arrêt du Parlement de Rouen relaté dans un acte du notariat d'Elbeuf du 14 avril 1681, prononça la Séparation de biens entre Charles de Beaulieu et Anne de Bontemps et condamna le marquis à restituer à sa femme une somme de 120.000 livres, montant de ses reprises et en attendant ce payement à lui servir une rente de 10.000 livres. (10)

Par arrêt du Conseil du 9 août 1681, le roi fit don au marquis du Bec-Thomas de divers marais situés paroisses de Jumièges et du Trait.

---

(1) Charpillon et Caresme. Dictionnaire des communes de l'Eure, T., I., p. 116. Lebeurier, Acquigny, Annuaire de l'Eure, 1862, p. 68.
(2) Archives Eure, E., 101.
(3) Masseville, Histoire de Normandie, T, VI, p. 368. Ce couvent a été converti en prison.
(4) Masseville. Histoire de Normandie, T. VI, p. 219, 270, 275.
(5) Archives Municipales Bec-Thomas. Reg. de Catholicité.

(6) Collection personnelle.
(7) Masseville. Hist. de Normandie, T. VI, p. 360.
(8) Masseville, Hist de Normandie, T, VI, p. 257.
(9) Masseville, Hist. de Normandie, T. VI, p. 279.
(10) Notariat d'Elbeuf.

Cette possession fut confirmée par arrêts du Conseil du Roi des 24 janvier 1696, 8 mars 1701, 25 décembre 1705 et 25 juin 1715, rendus au profit du Marquis du Bec-Thomas ou de ses héritiers.

Le 23 août 1683, Charles de Beaulieu, 2e du nom est marquis du Bec-Thomas, par démission de Charles de Beaulieu et d'Anne de Bontemps, ses père et mère.

Nous trouvons dans Masseville divers renseignements concernant la famille de Beaulieu.

Le Comte de Tourville, depuis vice-amiral et en 1693, maréchal de France, le marquis d'Amfreville, le comte de Montreuil, les chevaliers de Saint-Pierre et du Bec-Thomas se signalèrent dans divers combats sur la mer Méditerranée; en 1684, le chevalier du Bec-Thomas prit une part active à l'attaque de Gênes; en 1690, le Marquis du Bec-Thomas était gouverneur du Pont-de-l'Arche ; en 1692, le Chevalier du Bec-Thomas fut fait capitaine-lieutenant des gendarmes anglais ; il fut tué le 14 octobre 1693 à la bataille de La Marsaille. (1)

Par arrêt du Parlement de Normandie du 9 avril 1699, le marquis du Bec-Thomas fut reconnu patron honoraire de l'église de Saint-Ouen-de-Poncheuil. Ce patronage donna lieu par la suite, ainsi que nous le verrons, à des différents entre les seigneurs du Bec-Thomas et du Mont-Poignant.

Vers 1700, la situation pécuniaire du marquis du Bec-Thomas était assez embrouillée. Le 5 mars 1701, nous le voyons louer les moulins Guillaume, Espaillard et du Bec-Thomas et divers immeubles, moyennant 950 livres, payables annuellement entre les mains de Madame de Gonneville, à valoir sur une rente dont il lui était redevable (2). Peu après le domaine du Bec-Thomas fut saisi et décrété à la requête de Mme Anne Roque de Varengueville, veuve de M. Nicolas du Bosc, sieur de Radepont et Fleury-sur-Andelle, conseiller au Parlement de Normandie, et loué judiciairement à un sieur Nicolas Fauvel, moyennant 5.000 livres l'an, suivant sentence du bailliage du Pont-de-l'Arche, du 27 novembre 1702, et nous trouvons dans les minutes du notariat de Tourville-la-Campagne, un acte du 24 décembre de la même année dans lequel différents habitants de Fouqueville, Le Bec-Thomas et La Harengère, se portèrent caution de Nicolas Fauvel.

Poursuivi par de nombreux créanciers, et pour donner satisfaction à quelques-uns d'entre eux, le marquis du Bec-Thomas vendit une partie de ses meubles et transporta diverses créances qui lui étaient dues ; les minutes du notariat de Tourville-la-Campagne renferment plusieurs contrats de ce genre, et nous relevons notamment, à la date du 11 décembre 1703, une vente par Me Charles de Beaulieu, chevalier, esc., seigneur marquis du Bec-Thomas à Me Jean de Beaulieu, chevalier, seigneur du lieu, demeurant à Paris de ses « chevaux et cavalles » moyennant 3.000 livres payables entre les mains de l'abbé Bourgaud, à valoir sur une somme de 4.000 livres dont le seigneur du Bec-Thomas avait répondu pour feu son fils (3), par acte dressé devant le notaire de Venon en novembre 1693.

En 1710, la terre du Bec-Thomas fut de nouveau louée judiciairement : un acte dressé par Me Bertin, notaire à Tourville-la-Campagne le 8 février 1710, à la requête du marquis du Bec-Thomas, nous fournit quelques renseignements sur cette location et sur une transaction alors projetée :

« Messire Charles de Beaulieu, chevalier, seigneur marquis du Bec-Thomas et autres lieux, disant que le sieur Rebtout (?) escuyer, sieur de Guenouville, se serait rendu adjudicataire de la régie de la terre du Bec-Thomas par bail exercé devant Monsieur le lieutenant général du Pont-de-l'Arche le .....ième jour de janvier dernier (1710), que le dit sieur de Guenouville pour céder son droit de régie et adjudication de son bail judiciaire aud. seigneur marquis du Bec-Thomas il auroit exigé de luy remettre ès-mains un contrat faict

---

(1) Masseville. Hist. de Normandie. T. VI, p. 475, 480, 486, 489, 491.

(2) Tabellionnage de Tourville-la-Campagne.

(3) L'écurie du marquis du Bec-Thomas comprenait : « une cavalle de poil bay brun, un cheval de médiocre taille, de poil bay clair, avec un pié de devant blanc, un autre cheval bay brun sans marques, une cavalle baye sans marques aussy; un cheval de poil rouan; un autre noir marqué en teste; une cavalle baye avec un pié blanc derrière; une cavalle grise qui a les oreilles coupées ; un cheval bay à longue queue sans marques; deux chevaux d'attelage bays dont l'un a des marques au front et l'autre n'en a pas ». Notariat de Tourville-la-Campagne, Bertin, notaire, 11 décembre 1703.

entre feu Mᵉ Jean de Beaulieu, son frère et luy sieur de Guenouville passé devant les notaires... par lequel il est redevable audict deffunct d'une somme de 100 livres, comme quitte cassé et vuide d'effect, il oblige encore ledit seigneur marquis du Bec-Thomas à luy payer une somme de 500 livres en argent, et comme ces deux sommes sont considérables, en ce qu'elles tombent en perte aux créanciers opposants au décret de lad. terre du Bec-Thomas et aux avances que ledit seigneur est obligé de faire et parce qu'aussy si le dit bail judiciaire subsistait, ce faisant, que le dit seigneur marquis du Bec-Thomas fut obligé de vuider sa dite terre, lieu de son établissement et sa demeure actuelle, il souffriroit une perte très notable, pour lesquelles pertes et dommages prévenir il s'est trouvé obligé de nécessité d'accorder aud. sieur de Guenouville touttes ses demandes qui sont onéreuses et exorbitantes. Pourquoy led. seigneur, marquis du Bec-Thomas a protesté devant nous dits notaires que sa prétention est de se pourvoir touttes fois et quantes qu'il luy plaira contre la dite transaction qu'il doit faire ce jourd'huy avec led. sieur de Guenouville et contre tous autres contrats qu'il pourroit faire encore cy-après avec luy résultants des choses susdites comme y estant contraint par une force majeure et pour éviter les pertes et dommages qu'il en souffriroit ; laquelle protestation nous avons reçue dud. seigneur marquis du Bec-Thomas en la manière qu'il est accoustumé de faire, etc. ».

L'année suivante, le marquis du Bec-Thomas céda et transporta à M. Jacques de Beaulieu du Parc, demeurant au Mont-Héroult (1), 780 livres à prendre sur diverses propriétés (2).

Mais les créanciers n'ayant point été désintéressés, la terre du Bec-Thomas, de nouveau décrétée, fut louée judiciairement à Louis-Clément Dumontier ; il y eut alors de longs procès tant entre le marquis du Bec-Thomas et ses créanciers qu'entre l'adjudicataire de la ferme du domaine et divers autres.

Le marquis du Bec-Thomas plaidait devant le Parlement de Rouen avec MM. de Radepont et de Sahurs, conseillers à la Cour, les sieurs de Guenouville et de Saint-Pierre et la dame de Gonneville (3).

D'autre part, un sieur Berment ayant demandé le tiercement de la terre du Bec-Thomas, un procès s'en suivit entre lui et le sieur Dumontier, adjudicataire, et se termina par un arrêt du Parlement de Rouen du 22 décembre 1713. Par cet arrêt « la Cour reçut Berment à son tiercement du bail judiciaire de la terre et seigneurie du Bec-Thomas, en donnant bonne et suffisante caution, et après la déclaration de Berment qu'il consentoit entretenir les baux des sousfermiers, quoique Dumontier, adjudicataire par bail judiciaire, qui avoit déjà joui deux ans, soutînt que cette disposition ne pouvait avoir lieu que quand les choses étoient entières et qu'il représentât que le principal revenu de la terre du Bec-Thomas consistait en bois-taillis dont la coupe qui restoit à faire était deux fois plus considérable que les précédentes et que dans ces circonstances il n'était pas juste d'admettre un tiercement qui le priveroit des fruits d'une année qui devoit le récompenser de la perte qu'il avoit soufferte les deux années précédentes par le peu de valeur des fruits qu'il avoit recueillis sur la terre du Bec-Thomas. » (4)

Le 14 octobre 1713, le marquis du Bec-Thomas céda à Mᵉ Charles-Martial de Pigache, chevalier, seigneur de Gonneville, son neveu « tous et tels intérêts, dommages, dépends qu'il pourroit obtenir contre Louis-Clément Dumontier au subjet de l'enlèvement que ledit Dumontier avoit fait des titres et adveux de la terre du Bec-Thomas, par ce que le dit seigneur de Gonneville avoit jusqu'alons fait et déboursé tous les frais, et qu'il s'étoit engagé à continuer les poursuites jusqu'au jugement définitif de la dite action et par ce que cy les lettres et adveux ce

---

(1) Celui-ci était fils naturel de Charles de Beaulieu, fils unique du marquis du Bec-Thomas, et de Marguerite Dubos, de la paroisse de Saint-Jean d'Elbeuf, il épousa en premières noces Adrienne Beaufils (Contrat du 16 avril 1708, Notariat de Tourville-la-Campagne), et en deuxièmes noces, Jeanne Lechartier, veuve de Christophe Chapey. (Contrat du 10 septembre 1723. Notariat de Tourville-la-Campagne). Il mourut le 15 novembre 1759 et fut inhumé le lendemain en l'église du Bec-Thomas, devant l'autel de Saint-Sébastien (Bec-Thomas, Arch. Mun.).
Charles de Beaulieu : D'argent à 6 croix haussées, pattées de sable 3. 2. 1.
(2) Acte devant Mᵉ Bertin, notaire à Tourville-la-Campagne, 5 juin 1711.

(3) Acte devant Mᵉ Le Paulmyer, notaire à Tourville-la-Campagne, 13 juin 1713.
(4) Basnage, *Coustume de Normandie*, Edition de 1778, т. II, p. 501, note. — Le tiercement était une surenchère sur le prix d'adjudication d'une ferme ou d'une terre adjugée en justice, il devait être du tiers en sus du prix.

peuve recouvrer ledit seigneur de Gonneville en demeurera chargé suivant le procès-verbal qui en seroit dressé et en cas que lesd. adveux ne se retrouvent point, que le dit sieur de Gonneville poursuivra contre led. Dumontier qu'il soit fait relevé des vassaux aux dépens dud. Dumontier, à la diligence dudit sieur de Gonneville. Lequel, en conséquence dud. acte prendra telles conclusions qu'il trouvera bien estre contre led. Dumontier, au sujet des dégradations commises par led. Dumontier en la terre du Bec-Thomas (1) ».

Le marquis du Bec-Thomas mourut en janvier 1715, il fut inhumé au Bec-Thomas le 5 janvier 1715 (2), et le 1er décembre 1716, Me Charles-Martial de Pigache, chevalier, seigneur de Gonneville, Bec-Thomas, La Harengère et autres lieux, son neveu, héritier sous bénéfice d'inventaire, présenta en qualité de seigneur du Bec-Thomas à la cure de La Harengère (3).

Par suite de l'acceptation bénéficiaire de la succession de Me Charles de Beaulieu, le domaine du Bec-Thomas ayant été mis en vente, Me Léonard du Bosc, sieur de Radepont (4) « pour sauver, disait-il, la meilleure partie de ce qui lui était dû (5) et pour empêcher que des gens puissants ne s'en rendent adjudicataires, ce qui lui serait très préjudiciable parce qu'ils pourraient prendre un billet du receveur des consignations sans pourtant rien consigner, et se faire envoyer en possession de la dite terre et susciter à M. de Radepont une infinité de chicanes pour empêcher que l'état ou ordre des créanciers ne soit tenu ou qu'il puisse se faire délivrer des sommes dont il sera colloqué... ne voyait d'autre expédient que de se faire rendre adjudicataire de la dite terre, quand même il serait obligé de l'enchérir à plus haut prix qu'elle ne valait parce qu'il pourrait consigner ses créances pour argent comptant (6).

L'adjudication fut prononcée le 24 mai 1717 au profit de demoiselle Marguerite-Charlotte du Bosc-Radepont, qui obtint remise des droits de lods et ventes, quint et requint, rétention par

prélévation et autres droits et devoirs seigneuriaux à raison de cette vente (7).

Le Bec-Thomas fut revendu peu après à Me Marc-Anthoine de Languedor, sieur de Bois-le-Vicomte, ou Bosc-le-Vicomte.

A cette époque, le Bec-Thomas n'était plus un marquisat, mais était redevenu une baronnie à la mort de Charles II, de Beaulieu.

D'après le Gage-Plège de la Seigneurie de La Harengère, relevant du Bec-Thomas, établi au XVIIIe siècle.

« Est tenu le sieur de La Harengère de donner deux hommes capables et en état de porter les armes, relevant dudit fief, au seigneur du Bec-Thomas, pour servir d'aides à monter la garde au château du Vaudreuil, lorsque le Roy y seroit toutes fois et quantes ».

« Il a droit de moudre franc au moulin Saint-Louvet (Silouvet), aussitôt que la mounée est arrivée aud. moulin après celui qui est engrené, parce que led. seigneur est tenu, de son côté, donner à dîner au mounier dudit moulin rapportant la farine aud. Hôtel de La Harengère, pourvu qu'il trouve la porte ouverte. » (8)

6. Famille de Languedor

M. Lambert de Frondeville

Marc Anthoine de Languedor, sieur de Bois-le-Vicomte, seigneur et patron d'Anouville, baron du Bec-Thomas, conseiller au Parlement de Rouen, fils de Me Marc-Antoine de Languedor, écuyer, seigneur et patron d'Anouville, Ymare, Crestot, Bois-le-Vicomte et autres lieux et d'Anne Le Guerchois, descendait d'une famille qui avait tenu un certain rang dans l'édilité rouennaise (9).

Nous avons relevé les noms de : Pierre Languedor, sieur de Bosc-le-Vi-

---

(1)) Notariat de Tourville-la-Campagne, acte de Me Le Paulmyer, 14 octobre 1713.
(2) Arch. mun. du Bec-Thomas.
(3) Notariat de Tourville-la-Campagne, acte de Me Le Paulmyer, 1er décembre 1716.
(4) Maire de Rouen en 1718, 1719, 1720.
(5) Il était créancier de 165.000 livres.
(6) L. Failue, *Histoire du Château de Radepont*, Rouen, 1851, p. 75.

(7) Mémoriaux de la Chambre des Comptes de Rouen, années 1716, 1717 — fol. CXCI. Arch. Seine-Inférieure.
(8) Archives Eure, E. 447.
(9) Les Registres de Catholicité de la paroisse d'Annouville-Vilmesnil portent la mention suivante : « 18 janvier 1723. Fut inhumé dans le chœur de cette église (Annouville) le cœur de très noble et très vertueuse dame Anne Le Guerchois, femme de Messire Marc-Antoine de Languedor, chevalier, seigneur de cette paroisse et autres lieux, laquelle mourut à Paris le 22e de décembre 1722 et son cœur fut apporté icy et enterré très honorablement. »

comte, conseiller échevin de Rouen en 1625 et 1644 (1), anobli par lettres du mois d'avril 1648, vérifiées le 27 août de la même année ; il portait alors les nom et titre de Pierre de Languedor, sieur de Bois-le-Vicomte (2) ; de M. de Languedor, maître des ouvrages de l'Hôtel-de-Ville de Rouen, en 1639 (3) ; de M° Thomas Languedor, conseiller du Roi, en la Maison et Couronne de France, qui le 3 janvier 1645, épousa dame Jeanne Deshayes (4).

On lit dans les « Mémoires pour servir à l'histoire du Parlement de Rouen, de Cour des Aides, de la Chambre des Comptes et du Bureau des Finances de Rouen, principalement des officiers de ces juridictions » (5) :

« 1656. Thomas de Languedor reçu sur la résignation de Pierre de Gaillet » (p. 376).

« 1677. Thomas de Languedor obtint Lettres d'honneur le 3 février » (p. 384).

« Marc-Antoine de Languedor, sieur de Bois-le-Vicomte est fils de M. Languedor, Secrétaire du Roy à Rouen et gendre de M. Le Guerchois, procureur général ; il fut reçu au lieu de M. Soyer d'Intraville. Je vois d'ailleurs qu'il estoit fils de Marc-Antoine de Languedor, marchand de poisson sallé à Rouen et petit-fils de M. Languedor, maître des ouvrages de la ville de Rouen. Pierre Languedor estoit eschevin de la Ville de Rouen en 1639 » (p. 212) (6).

Marc-Anthoine de Languedoc, alors âgé de 29 ans, avait épousé en l'église Saint-Godard de Rouen, le 17 février 1711, Marie-Geneviève de Formentin, fille de feu M° Robert de Formentin, chevalier, seigneur et patron de Formentin, du Mesnil-Simon et de La Varenne (7) ; il mourut, conseiller au Parlement de Rouen, et fut inhumé dans le chœur de l'église d'Annouville, le 29 octobre 1729 (8). Il laissa pour lui succéder, Pierre Marc Antoine, son fils, et sa veuve Marie Geneviève Lambert de Formentin, déclara le reve-

nu de la baronnie du Bec-Thomas et présenta requête à l'Intendant de la Généralité de Rouen, pour obtenir un allègement aux impositions mises sur la baronnie (9).

Né le 10 octobre 1714, le nouveau seigneur du Bec-Thomas, après avoir fait ses études d'abord au collège de Rouen, puis à Paris au collège d'Harcourt, entra dans la magistrature. Conseiller au Parlement de Rouen en 1736, il était président à mortier en 1741 ; s'occupant de littérature, il vit quelques-unes de ses œuvres couronnées par l'Académie de l'Immaculée-Conception de Rouen et fut élu prince des Palinods, en 1767 (10).

Pierre-Marc-Antoine de Languedor, rendit aveu du Bec-Thomas, en 1735 et prit dans cette déclaration le titre de baron.

La baronnie fut de nouveau érigée en Marquisat par lettres du 29 décembre 1750, confirmées le 27 février 1751 et le 11 mai suivant le Receveur en la Cour des Comptes de Rouen donna quittance de la somme de 173 livres 10 sols pour frais d'enregistrement des lettres d'érection.

Ces lettres furent publiées à l'issue des messes paroissiales dans les paroisses du Bec-Thomas, de Saint-Ouen-de-Poncheuil, de Fouqueville, du Thuit-Signol, de Saint-Nicolas-du-Bosc-Asselin, de St-Pierre-des-Cercueils, de St-Martin-la-Corneille, de Mandeville, de Criquebeuf (la Campagne), de Saint-Cyr (la Campagne), de Saint-Germain-de-Pasquier, de La Harengère, de Léry et de Saint-Denis-des-Monts, les 28 mars, 4 et 12 avril 1751 et aux marchés d'Elbeuf, et du Pont-de-l'Arche les 29, 30 mars, 1er, 3 et 5 avril 1751.

Le Marquisat du Bec-Thomas relevait directement du Roi à cause de son Duché de Normandie et Tour du Château de Rouen (11).

Pierre Marc Antoine de Languedor, chevalier, baron du Bec-Thomas, Président à Mortier au Parlement de Normandie, avait auparavant transigé avec M° Léonor du Bosc, seigneur de Radepont, relativement à un différend relatif à l'adjudication du Bec-Thomas,

---

(1) Farin, *Histoire de Rouen*, I, p. 172 et 174.

(2) Lebeurier, *Etat des anoblis de Normandie*, n° 178.

(3) Fallue, *Histoire de l'Eglise métropolitaine*, T. IV, p. 117.

(4) Arch. municipales de Rouen. Reg. par Saint-Denis.

(5) Bibl. Nat. Ms. Fonds Français, n° 32.318. XVIII° siècle (vers 1740).

(6) Notes de M. le Premier Président Pellot sur la Normandie. Ed. G.-A. Prévost, p. 97.

(7) Arch. mun. Rouen Reg. par. Saint-Godard.

(8) Reg. par. d'Annouville.

(9) Arch. Eure, Q. 783.

(10) *Recueil de l'Académie de l'Immaculée-Conception de Rouen*, 176-1871. — Rouen et Paris, 1784, p. 184.

(11) Mémoriaux de la Chambre des Comptes de Rouen, 1750, 1751, fol. CXLV CXLIX. Plumitif de la Chambre des Comptes de Rouen, 1751, fol. 31. Arch. Seine-Inférieure.

prononcée au profit de Mᵉ Marc Anthoine de Languedor (1).

Le marquis du Bec-Thomas ne vécut pas toujours en très bonne intelligence avec ses voisins, les archives du Parlement et les minutes du notariat de Tourville-la-Campagne nous fournissent quelques renseignements sur les différents procès qu'il eut à soutenir.

Il avait, en 1742, clamé la terre de La Harengère, lors de la vente qui en avait été faite par Guillaume de Nollent, seigneur de Limbeuf, et François-Auguste de Nollent, seigneur du Busc-Richard, héritiers de Pierre de Nollent ; mais à la suite d'un long procès, il fut débouté de sa demande et Guillaume Boissel entra en possession du fief qu'il avait acquis.

A la suite de démêlés survenus entre le marquis du Bec-Thomas et Mᵉ Campion de Montpoignant, parce que, dit-on, ce dernier avait ramassé sur les terres du marquis du Bec-Thomas et sans la permission de celui-ci une perdrix qu'il avait tirée sur son propre terrain, Pierre-Marc-Antoine de Languedor revendiqua devant la justice les droits de suzeraineté qu'il pouvait avoir avoir sur la seigneurie du Montpoignant.

Une ordonnance du lieutenant particulier au bailliage du Pont-de-l'Arche, datée du 23 décembre 1778, l'autorisa, en qualité de patron honoraire de l'église de St-Ouen-de-Poncheuil, à faire retirer la tombe de Jean de La Londe, parent de M. de Campion, indûment placée, selon lui, dans le chœur de cette église, sauf à M. de Campion à la faire mettre dans la nef ou à tel autre endroit qu'il lui conviendrait, à moins qu'il n'aimât mieux consentir à ce que les armes et inscriptions qui y étaient gravées soient effacées et entièrement enlevées. De plus, le marquis du Bec-Thomas était autorisé à faire supprimer l'Ecu d'armes de Jean de La Londe, gravé sur la pierre formant la clef d'un arc ou chaîne de la voûte à l'entrée du chœur de l'église. « Desquels enlèvements, suppressions et effaçures, dit l'ordonnance, il sera dressé procès-verbal par tel notaire qu'il plaira au marquis du Bec-Thomas de nommer ».

En vertu de cette ordonnance et par exploit de Claude-François Duval, sergent royal au bailliage de Pont-de-l'Arche pour la noble sergenterie du Bec-Thomas, en date du 30 décembre 1778, Mᵉ Legendre, notaire à Thourville-la-Campagne, fut sommé et intimé à la requête de « Messire Pierre-Marc-Antoine de Languedor, chevalier, marquis du Bec-Thomas, comte d'Averton (2), gouverneur pour le roi en la ville d'Aumale, président à montier au Parlement de Normandie, seigneur patron honoraire des paroisses de Saint-Ouen du-Pontcheuil, St-Pierre-de-Cerqueils, Saint-Christophe-de-la-Harengère et autres lieux, demeurant à Rouen, de se trouver le lendemain jeudi 31 décembre 1778, à 9 heures, en l'église de St-Ouen-de-Poncheuil « comme nommé d'office pour dresser procès-verbal de l'enlèvement, suppression et effaçure des inscriptions et armoiries placées sur la tombe de Jean de La Londe ».

Mᵉ Legendre se rendit le lendemain en l'église de Saint-Ouen-de-Poncheuil, mais par suite d'une opposition faite par M. de Campion, il dut dresser un procès-verbal, constatant simplement qu'il n'avait pu être procédé à ces « enlèvements, suppression et effaçures (3) ».

A la suite d'une nouvelle procédure, les armoiries de Jean de La Londe furent effacées en 1779 (4).

Le marquis du Bec-Thomas était créancier de Mᵉ Frédéric-François de Nollent, chevalier, seigneur de Limbeuf ; pour éviter les frais et suites de la saisie en décret de la terre de Limbeuf et terminer l'instance suivie à cette occasion devant le bailliage du Pont-de-l'Arche, il acheta par acte passé devant Mᵉ Legendre, notaire à Tourville-la-Campagne, le 27 mai 1776, les fief, terre et seigneurie de Limbeuf relevant nuement du Roi, à cause de la chatellenie et vicomté du Pont-de-l'Arche et consistant en domaine fieffé, tel d'ailleurs que le tout avait été adjugé à Mᵉ François-Ferdinand-David Langlois, chevalier, seigneur de Criquebeuf, par sentence et adjudication finale du bailliage du Pont-de-l'Arche du 23 novembre 1772 et cédé par M. de Criquebeuf à M. de Nollent, suivant acte reçu par

<hr>

(1) Arch. Eure, Q. 783.
(2) On lit dans le *Dictionnaire topographique, historique, etc.* de la Province et du diocèse du Maine, par M. le Paige, chanoine de la cathédrale (Le Mans et Paris, 1777) : 1° Tome I, p. 47. « *Averton* : La seigneurie de la paroisse où il y a haute moyenne et basse justice appartient à M. de Bethomas ». — 2° Tome I, p. 250. « *Courcité* : La seigneurie de paroisse appartient à M. de Bethomas.

(3) Notariat de Tourville-la-Campagne, Mᵉ Legendre, notaire, 31 décembre 1778.
(4) Note de M. de Blosseville. L'église de Saint-Ouen de Pontcheuil a été détruite vers 1822.

Mᵉ Cavellet, notaire au Pont-de-l'Arche, le 23 novembre 1773.

Le Marquis du Bec-Thomas achetait les terre et seigneurie de Limbeuf, moyennant 70.572 livres, compensés avec pareille somme qui lui était due par M. de Nollent. Celui-ci s'était réservé l'usufruit des biens vendus et le titre de seigneur de Limbeuf ; il mourut le 29 mai 1776 (1).) M. du Bec-Thomas rendit aveu pour Limbeuf en 1780.

En 1774, lors de la dissolution du Parlement de Normandie par le chancelier Maupeou, les conseillers retirés dans leurs terres passaient leurs heures de loisir à jouer la comédie. Chez le Président à mortier du Bec-Thomas, une vingtaine de nos magistrats, tant présidents que conseillers, ne faisaient autre chose tout le long des jours et, par une rencontre étrange, ils étaient tous fort occupés à jouer le *Retour imprévu*, lorsqu'arrivèrent des lettres closes qui mettaient un terme à cet exil plus gai que digne, il faut le confesser, et, sur cela, au Bec-Thomas, la joie redoublant encore, avait été tiré, incontinent, un bruyant feu d'artifice, qu'on entendit de Roncherolles, où, pour l'heure se trouvait Maupeou, ce chancelier congédié dont s'écroulait l'ouvrage (2).

Le Marquis du Bec-Thomas pouvait d'ailleurs, recevoir fort bien ses hôtes ; il possédait une grande fortune (3) et son argenterie était légendaire. D'après la tradition, il possédait une soupière en argent massif d'un très grand poids ; elle contenait, disait-on, le potage pour 40 convives, et, étant assis on n'en pouvait soulever le couvercle d'une seule main.

Sur ce couvercle, était, en relief, un oiseau de proie tenant une perdrix dans ses serres. Deux laquais portaient ordinairement cette soupière, en tenant chacun une anse. L'argenterie du marquis était évaluée à la somme de 500.000 livres (4).

Très haut et très puissant seigneur Pierre Marc Antoine de Languedor, chevalier, marquis du Bec-Thomas, comte d'Averton, baron de Limbeuf, seigneur et patron d'Anouville et autres lieux, conseiller du Roi en tous ses conseils, doyen de MM. des Présidents à mortier du Parlement de Normandie, mourut à Rouen en son domicile, paroisse Saint-Godard le 17 avril 1780 et fut inhumé en l'église du Bec-Thomas par Mᵉ Pierre-Nicolas Quilllebeuf, prêtre, vicaire de la paroisse de Saint-Godard, en présence de Mᵉ Alexandre Martin Colombe, curé de Fouqueville, de Mᵉ Jacques Huault, curé du Bec-Thomas, de plusieurs autres ecclésiastiques, de Mᵉ Adrien Aimable Marie de Rouen, chevalier, seigneur et patron de Bermonville, 'Aliquierville, et autres lieux, conseiller du Roi en ses conseils et Président en sa Cour des Comptes, Aydes et Finances de Normandie, demeurant à Rouen, en son hôtel, rue de la Chaine, paroisse Saint-Amand, de Mᵉ Romain Guillaume Rondel, conseiller du Roi, maître ordinaire en la Cour des Comptes, Aydes et Finances de Normandie, Seigneur et patron d'Heudreville, le Favril, Cauverville et autres lieux, de Mᵉ Louis Félix Lambert, chevalier, seigneur de Saint-Marc, officier au régiment de Royal-Roussillon-Cavalerie, demeurant à Rouen, place de la Rougemare, paroisse Saint-Godard, et d'autres « messieurs » qui signèrent au registre (5).

L'éloge du marquis du Bec-Thomas fut prononcé à la séance des Palinods de Rouen, du 21 décembre 1780, nous relevons dans cet éloge les passages suivants :

« Sensible à la misère des temps, il soulagea ses vassaux, mais avec discrétion. Craignant toujours que des bienfaits peu réfléchis n'entretinssent la paresse, il avait des ateliers toujours ouverts pour des travaux utiles. Ils furent une ressource pour l'indigent, en lui assurant le moyen de subsister et d'élever sa famille. Le luxe et l'ambition ne présidèrent point aux divers ouvrages qu'il entreprit, ce fut l'humanité. »

« Conciliateur des troubles, il arrêta souvent, par des accomodements raisonnables, le cours de ces divisions qui se perpétuent dans les familles. Son cabinet était rempli de plaideurs qui s'en rapportaient à ses décisions. Les détails minutieux d'un examen fatigant n'ef-

---

(1) Notariat de Tourville-la-Campagne, actes des 27 et 29 mai 1776.

(2) Notes manuscrites du conseiller de Gressent, l'un des acteurs. Floquet, Histoire du Parlement de Normandie, T. VII, p. 16.

(3) On évaluait ses revenus à plus de 200.000 livres (Note manuscrite de M. Desmonts, instituteur au Bec-Thomas (vers 1850). Collection personnelle.

(4) Notes manuscrites de M. Desmonts. Collection personnelle.

(5) Arch. mun. Rouen. Reg. par. Saint-Godard, 19 avril 1780. Arch. mun. Bec-Thomas. Reg. par. 19 avril 1780.

Languedor : De gueules à 3 étoiles d'argent : 2 en chef, 1 en pointe.

frayaient point son zèle. Mais, charmé de terminer les différends que la jalousie et les mauvais conseils font souvent naître parmi les habitants de la campagne, il était, comme dit Fléchier, plus content de lui-même, lorsque, dans le fond d'une sombre allée, et sur un tribunal de gazon, il avait assuré le repos d'une pauvre famille, que lorsque, sur le trône de la Justice, il décidait des fortunes les plus éclatantes. » (1)

Le Marquis du Bec-Thomas étant décédé célibataire, sa succession fut recueillie par Demoiselle Marie-Anne-Françoise-Aimée de Languedor, sa sœur, demeurant à Neufchâtel-en-Bray, « au couvent des dames religieuses cordelières », qui, marquise du Bec-Thomas et d'Averton, dame de Fromentin, Annouville, Limbeuf et autres lieux (2), fut marraine d'une cloche à La Harengère en 1785.

Elle avait, par acte passé au Notariat de Neufchâtel-en-Bray le 6 décembre 1784 fait donation du Bec-Thomas et de Limbeuf à Mᵉ Thomas Louis César Lambert de Fondeville, chevalier, son cousin, déjà pourvu de l'office de Président à Mortier du Marquis du Bec-Thomas et installé dans cette fonction le 16 mai 1781 (3).

Nous ne trouvons à relater pendant la possession que M. Lambert de Fondeville eut du Bec-Thomas, qu'un procès-verbal du 30 octobre 1788, concernant les droits honorifiques qu'il avait sur l'église de Saint-Ouen-de-Poncheuil (4).

Mᵉ Lambert de Frondeville émigra en 1791, alors les héritiers, dans la ligne paternelle de Mlle de Languedor, décédée en 1786, Mesdames Godard et Le Bret revendiquèrent la Terre du Bec-Thomas.

Au retour d'émigration de M. de Frondeville, à la suite d'un long procès, la donation faite à celui-ci par Mlle de Languedor fut annulée et Mmes Godard et Le Bret entrèrent en possession du domaine (5). Par la suite, le Bec-Thomas fut vendu à M. Wurtz qui, lui-même, le céda en 1852 à M. Sevaistre, dont la famille le possède encore de nos jours.

---

(1) Recueil de l'Académie de l'Immaculée-Conception de Rouen, 1776-1781, p. 183.
(2) Arch. Seine-Inf., G. 4573.
(3) Lambert de Frondeville : D'azur au lion rampant d'or, au chef d'argent.
(4) Notariat de Tourville-la-Campagne.
(5) H. de Frondeville. Notice sur le Président de Frondeville.

III

LA SERGENTERIE

Il existait au Bec-Thomas, une sergenterie noble, demi-fief de haubert qui s'étendait sur de nombreuses paroisses du plateau du Neubourg.

Possédée avant 1619 par Nicolas Osmont, puis, par Alexis de Saint-Ouen, qui l'avait acquise de la fille d'un sieur. Jean-Pierre Briard, elle appartint ensuite à Louis de Saint-Ouen, qui en rendit aveu le 1ᵉʳ mai 1619 (6).

Cet aveu conçu dans les termes suivants nous donnent quelques renseignements sur l'étendue de la sergenterie :

« Du Roy, mon souverain seigneur jay Loys de Sainct-Ouen, tiens et advoue tenir à foy et hommage, à raison de sa vicomté du Pont-de-l'Arche, une sergeanterie fieffée et héréditalle nommée et appelée la sergeanterie du Bec-Thomas, tenue et relevant dudit seigneur par un demy fief de haubert, à moy appartenant par le délais et démission qui m'en a esté faicte tant par Marguerite Teffray, ma mère, que par Alexis de Sainct-Ouen, mon père qui l'avoit acquise de Jeanne Briard, veuve de Jaque Hagot, seule fille et héritière de deffunct Jean-Pierre.

« A cause de laquelle sergeanterie j'ay le droict de faire tous adjournements et exploits à l'office de sergeant audict Pont-de-l'Arche que es-paroisse du plaid de l'Espée appartenant tant de Sainct-Jehan et Sainct-Estienne d'Elleboeuf, Nostre-Dame de Caudebeque, Bec-Thomas, Fouqueville, Criquebeuf-la-Champaigne, Limbeuf, La Harengère Sainct-Germain-de-Pasquier, Sainct-Cir-la-Champaigne, Sainct-Pierre-de-Lierrouilt, Sainct-Amand-des-Hautes-Terres, Sainct - Pierre - des - Cerqueux, Sainct-Martin de La Corneille, Le Thuict-Anger, Sainct-Nicolas-du-Bosc-Asselin, Le Thuict-Simer, Sainct-Denys-des-Monts et Sainct-Ouen-du-Poncheuil, subjectes à lad. sergeanterie, et sy m'est deub. pour chacun an à cause d'icelle la somme de 20 solzs tournois à prendre et avoir sur la recette de la vicomté du Pont-de-l'Arche (7) ».

Semblables aveux furent souscrits

---

(6) Arch. Seine-Inférieure, Reg. des Fiefs, B. 201, p. 42 et suivantes.
(7) Saint-Ouen: D'azur au sautoir, d'argent, cantonné de 4 aylettes au vol abaissé de même.

par Louis de Saint-Ouen, 2e du nom le 29 janvier 1631, et par Louis de Saint-Ouen, 3e du nom, le 16 février 1685 (1).

En 1651, Girard de Saint-Ouen était sergent au Bec-Thomas (2).

La sergenterie du Bec-Thomas paraît avoir été divisée en deux branches au commencement du dix-huitième siècle, l'une restant sergenterie du Bec-Thomas et l'autre devenant sergenterie de Fouqueville.

Antérieurement à 1542, la sergenterie du Bec-Thomas avait déjà été démembrée, ainsi qu'il résulte de cette déclaration contenue dans un aveu pour la baronnie d'Elbeuf, souscrit par Claude de Lorraine le 6 août 1542 : « Item nous tenons du Roy, nostre seigneur, une sergenterie royale qui fut Thomas Poignant, démembrée et séparée de la sergenterie du Pont-de-l'Arche et Bec-Thomas... »

IV

LE FIEF ESPAILLARD

Le fief Espaillard était un très ancien moulin relevant du Bec-Thomas ; il est cité dans l'aveu de 1612 et fut réuni depuis à la seigneurie du Bec-Thomas.

V

LE TABELLIONNAGE

Le Bec-Thomas possédait un tabellionnage dont l'origine paraît fort ancienne et qui fut réuni en 1663 au notariat d'Elbeuf.

Les Archives de l'Eure possèdent 375 feuillets des minutes de ce tabellionnage allant de 1623 à 1632 (3) ; ce qui reste des autres minutes a été réuni au tabellionnage d'Elbeuf.

Nous avons relevé les noms suivants de tabellions du Bec-Thomas :

1327. — Archipresbyter diocesanus, apostolica auctoritate, publicus notarius (4).

1352. — Morisse Le Bret.
1372. — Jean Le Vavasseur.
1392. — Jean Blandin.
1408. — Jean de Marbeuf, prêtre.
1474-1480. — Guillaume Le Forestier et Jean Dupont, clercs tabellions.
1490. — Guillaume de Crestot et Maciel Dupont.
1494. — Guillaume de Crétot et Bertauld Coulombe.
1495. — Guillaume de Crétot et Guillaume de Saint-Ouen.
1501. — Guillaume de Crétot et Jean Dupont.
1503. — Jean de Crétot et Jean de Saint-Ouen.
1505. — Guillaume de Crétot ou Du Crétot et Jean ou Guillaume de Saint-Ouen.
1507. — Guillaume de Crétot et Guillaume Morisse.
1520-1532. — Raoullin Lambert et Jean Berthelot.
1536. — Geuffroy Tallon et Hareng.
1548-1557. — Pierre Lambert et René Leblanc ou Nicolas Dupont ou Guillaume Vattier ou Pierre Hébert.
1559. — Jean Hamon.
1573. — Robert Hélie et Nicolas Hamon.
1574-1577. — Jehan Farin et Nicolas Hamon ou Louis Hesbert.
1578. — Richard Pollet et Louis Hesbert.
1580. — Louis Hesbert.
1581. — Nicolas et Louis Hesbert.
1583-1584. — Louis Hesbert et Nicolas Grimouin.
1586-1590. — Nicolas et Louis Hébert.
1601. — Nicolas Hesbert et Denys Grimouin.
1605. — Robert Séneschal et Louis Hesbert.
1615. — Louis Hesbert et Denys Grimouin.
1616-1618. — Louis Hesbert et Adrien Carré.
1621-1623. — Adrien Carré et Jean Hamon.
1626. — Jean Lesueur et Nicolas Hélie ; Jean Hamon le Jeune, fils Nicolas.
1627. — François Dulondel et Jean Hamon le Jeune.
1629. — Adrien Carré et Pean Hamon le Jeune.
1633-1640. — Jean Hamon et Jean Hamon.
1642. — Gilles Bourdon et Jacques Tassel.
1644. — Jacques Tassel.
1646. — Jean et Jean Hamon.
1649. — Jean Hamon le Jeune.

---

(1) Arch. Seine-Inférieure. Reg. des Fiefs. B. 201 p., 42 et suiv.
(2) Notariat du Bec-Thomas acte du 16 novembre 1651.
(3) Arch. Eure, E. 1011 à 1014.
(5) Doctrinaire Glosé de La Saussaye, p. 32 (Arch. Eure).

1633-1640. — Jean Hamon et Jeansel, Nicolas Bourdon et Jacques Tassel.

1651-1663. — Jean Hamon.

1665. — Pierre Lefebvre, Nicolas Bourdon et Jean Hamon.

1666. — Jacques Tassel, Pierre Lefebvre et Nicolas Bourdon.

1670-1672. — Pierre Hareng.

1673-1674. — Jean Hamon, Robert Bourdon.

1687. — Guillaume Masse.

VI

L'EGLISE

L'église du Bec-Thomas, placée sous l'invocation de St-Jean-Baptiste, n'offre rien de remarquable ; elle paraît avoir été édifiée sur l'emplacement d'une précédente ; sa construction ne remonterait pas, selon nous, à une époque très reculée ; on voit, en effet, que le chœur se trouve au sud alors que toutes les églises de la contrée, construites antérieurement au XVIIe siècle, ont le chœur placé vers le levant ; peut-être n'est-elle que l'une des parties d'une église antérieure.

Des réparations y furent effectuées au début du XVIIIe siècle. A la pointe de l'arc brisé à l'extérieur de deux baies qui se font face au bas de la nef, on lit en chiffres romains : M.DCCXX ; le 24 juillet 1722, le doyen du Neubourg bénit la nef et deux chapelles réédifiées « avec beaucoup de décence par les soins et aux dépens de M. de Bois-le-Vicomte, conseiller au Parlement de Normandie, marquis du Bec-Thomas. »

Une nuit de janvier 1778, des voleurs, après avoir pratiqué dans la vitre donnant vis-à-vis de l'autel de Sainte-Véronique, exposée au soleil couchant, une ouverture mesurant deux pieds et demi de hauteur sur un pied et demi de largeur, pénétrèrent dans l'église, allumèrent pour s'éclairer un cierge pris sur le maître autel, fracturèrent le coffre du Trésor et dérobèrent 5 à 6 livres en argent monnayé ; ils respectèrent les vases sacrés (1).

Il existe dans le chœur de l'église un caveau où l'on inhumait autrefois les seigneurs du Bec-Thomas et les membres de leur famille. En 1793, ces sépultures furent violées et l'on retira du caveau sept ou huit cercueils de plomb. Ces cercueils après avoir été ouverts, furent envoyés au district de Louviers pour être fondus ; quant aux ossements qu'ils renfermaient, ils furent jetés dans une fosse commune creusée devant la porte principale de l'église. D'après la tradition, lors de l'ouverture du caveau, le sonneur qui se nommait, dit-on, le Père Limousin aurait dit : « M. de Richebourg, je vous apprendrai qu'il n'y a plus de lapins dans le petit parc. » (2)

En 1793-1794 on prépara du salpêtre dans l'église ; les portes restaient ordinairement ouvertes et, comme, en ce temps-là, il y avait beaucoup de gros gibier dans le parc, les sangliers avaient choisi l'église pour leur repaire. Plusieurs personnes dignes de foi, dit M. Desmonts (3), ont vu ces animaux se vautrer dans des bauges qu'ils s'étaient creusées non loin de la Chaire de Vérité. »

Sur le caveau, au milieu du chœur, se trouve une pierre sépulcrale qui vers 1833 se trouvait dans le sanctuaire à gauche de l'autel (4).

M. l'abbé Blanquart donne de cette dalle tumulaire la description suivante :

Suscription en caractères gothiques :

Cy-gist et repose noble et puissant
Sr Estienn(e). V . . . . âme . . . .
Dieu veuille au barô côcceder
par sa miséricorde et grâce
Q'il puisse è tout temps et espace
la gloire des cieulx posséder.

(Pierre : long. : 2 m. 33 c. ; larg. : 1 m. 18 c.).

« Encastrée dans le pavage, au milieu du chœur de l'église cette dalle gravée au trait avec incrustations de marbre blanc a été dessinée par L. T. Corde (n° 41 de ses Pierres Tombales du département de l'Eure). Elle montre, tête nue et mains jointes, un chevalier sur l'armure duquel est jetée une cotte d'arme brodée de lions rampants. A sa droite et à sa gauche reposent le heaume et les gantelets. L'encadrement se compose d'un portique formé de deux colonnes dont le socle et le

---

(1) Procès-verbal de la Maréchaussée d'Elbeuf du 23 janvier 1778. Arch. Seine-Inférieure. Série B. Chartrier de Belbeuf. Les Eglises de Saint-Ouen-de-Pontcheuil et de Saint-Pierre-des-Cercueils avaient été également visitées par des voleurs (Ibid).

(2) Notes manuscrites de M. Desmonts, instituteur. Collection personnelle.
(3) Notes manuscrites. Collection personnelle.
(4) Notes manuscrites de M. Desmonts (Collection personnelle).

fût sont ouvragés de fines arabesques et supportent un fronton triangulaire où un écu était soutenu par deux lions. La plupart des décorations, et presque en entier, l'inscription principale, se déroulant, en bordure sur trois côtés, sont très effacées. » (1).

Cette dalle tumulaire est celle d'Etienne Vipart, mort comme nous l'avons vu le 27 décembre 1527.

D'après Le Prévost (2), l'église du Bec-Thomas ne fut, jusqu'au milieu du xviii° siècle, considérée que comme chapelle ; les *pouillés* d'Evreux la mentionnent d'ailleurs comme une annexe de Fouqueville. D'autre part, jusque vers 1770, le droit de patronage de cette église appartenait au curé de Fouqueville, et le curé du Bec-Thomas, qui ne percevait aucunes dîmes dans sa paroisse, recevait seulement le traitement que lui accordait le curé de Fouqueville et ce que lui octroyait le seigneur du lieu. La dîme du Bec-Thomas était recueillie, pour la majeure partie, par le curé de Fouqueville, qui avait également droit à la moitié des novales, l'autre moitié revenant par égales portions aux religieux du Bec-Hellouin et à l'abbaye de la Chaise-Dieu, près Laigle.

D'après une note qui nous a été communiquée, M. Colombe, curé de Fouqueville, aurait, en 1770, cédé son droit de patronage sur l'église du Bec-Thomas, au seigneur du lieu ; nous n'avons trouvé aucun acte concernant cette cession, et dans un procès-verbal du 30 octobre 1788, il est dit que le patronage appartient au curé de Fouqueville. Nous croyons cependant devoir ajouter que, depuis fort longtemps, les prêtres qui desservaient l'église du Bec-Thomas, prenaient le titre de curé ; ils sont ainsi qualifiés dans les registres de l'état-civil qui remontent à 1615, et des actes des xvi° et xvii° siècles, font mention de la paroisse du Bec-Thomas.

En 1468, Guillemin Hébert, mandataire de Jacques Henry, écuyer, seigneur de Saint-Pierre-des-Cercueils en partie, et Etienne Le François baillent à fieffe une masure et un jardin sis au Bec-Thomas à charge de servir une rente d'une oie au profit de l'abbaye de Bon-Port et d'une chandelle de cire du prix de 9 deniers au profit de l'église du Bec-Thomas (3).

En dehors de l'église, il existait une chapelle dans la cour du château. Cette chapelle, ainsi que nous l'avons vu, avait été dotée par Charles de Beaulieu le 28 septembre 1675 des dîmes novales des défrichements faits et à faire en ses parcs, clos et prairies. Par un acte du 16 juillet 1737, M° Jacques Lecomte, curé de la paroisse de Saint-Meslin-du-Bosc, titulaire de la chapelle de Sainte-Marie-Catherine du Bec-Thomas, située dans l'enclave du château, bailla à François Chauvin et Françoise Levavasseur, veuve Marsollet, demeurant en la paroisse Saint-Jean du Bec-Thomas, la dîme appartenant à cette chapelle et une pièce de terre labourable contenant 40 acres 60 perches en dépendant (4).

La chapelle de Sainte-Marie-Catherine fut détruite pendant la possession de M. Wurtz.

Nous avons relevé parmi les curés du Bec-Thomas, les noms suivants :

1597. — Thomas Beaucousin.
1633. — De l'Espiney.
1694. — Lequesne, vicaire.
1698-1705. — De Foville.
1709-1719. — Bataille.
1722. — Comte.
1778. — Maubisson.
1780. — Huault.

Jehan Moulin était en 1597 chapelain de la chapelle du Château.

Il existait une confrérie du Très-Saint Sacrement qui, en 1728, acquit de Charles Marsollet une pièce de terre de 30 perches à la Croix de Pierre, moyennant 60 livres et, en 1735, reçut de Romain Beaufils une rente de 4 livres 10 sols au capital de 90 livres (5).

VII

LE CHATEAU

L'ancien château, construit par Etienne Vipart, vers 1493, et détruit depuis par M. Sevaistre, n'offrait, dit-on, rien de remarquable ; la prison qui existait dans la cour du château, fut démolie vers 1848 ; et le bâtiment, que l'on montre aujourd'hui comme étant l'ancienne géôle, paraît n'avoir jamais servi à cet usage.

On remarquait à l'ancien château, démoli vers 1850, une tour de forme

(1) Abbé Blanquart. Epitaphes et Inscriptions du xiii° au xviii° siècle recueillies dans le Canton d'Amfreville-la-Campagne, p. 7.
(2) Mémoires et Notes, etc. V° Bec-Thomas.
(3) Arch. Eure, H. 216.

(4) Notariat de Tourville-la-Campagne, M° Morainville, notaire.
(5) Arch. Eure, G. 1565.

octogonale s'élevant seulement à la hauteur de l'étage. La principale porte d'entrée se trouvait au bas de cette tour et donnait sur un escalier de pierre qui conduisait à l'étage. Au-dessus de cette porte était percée dans la tour une sorte de meurtrière qui permettait de repousser les assaillants. L'entrée de cette porte ainsi que les baies des croisées situées dans la partie est du château étaient terminées dans leur partie supérieure par une courbe très aplatie en forme d'anse de panier. Les ouvertures situées à l'ouest, du côté regardant la vallée, étaient petites et terminées en ogive. Les murs mesuraient environ deux mètres d'épaisseur.

Sur la façade de la tour se trouvait un cadran solaire accosté de deux lions ; au sommet de cette tour on voyait deux personnages : un homme et une femme.

A l'est de la tour se trouvait la partie la plus grande du château, bâtie après l'autre partie, et faisant retour du côté de la grille d'entrée.

Au levant de cette partie du château se trouvait un mur haut de 12 à 15 pieds soutenant une terrasse au-dessus de la cour ; du côté du jardin ce mur avait des soupiraux fermés par des grilles, ce qui permet de supposer qu'il y avait des caves souterraines.

D'après la tradition, il avait existé non loin de ce mur, un peu plus avant dans la cour, une poudrière, détruite depuis longtemps, mais dont les fondations se voyaient encore en 1850.

Lors de la démolition du Château en 1850, on découvrit dans l'embrasure d'une des fenêtres de la grande salle un escalier dérobé construit dans l'épaisseur du mur, du côté de l'étang.

On découvrit aussi parmi les diverses caves voûtées qui se trouvaient sous le château, une pièce située sous le corps avancé du côté de la vallée et communiquant par une porte étroite avec les autres caves. Cette pièce, parfaitement conservée, semblait avoir été destinée primitivement à servir d'oratoire privé ou de chapelle ; la voûte était construite avec des pierres de très petites dimensions. Cette chapelle pouvait avoir environ 3 m. 30 c. d'élévation sous voûte ; sa superficie était de 12 mètres carrés ; à chaque angle, à la hauteur du pavage, s'élevait une sorte d'arêtier ou voussure qui allait rejoindre un cul de lampe placé au milieu de la voûte. On voyait encore une pierre faisant saillie comme une table d'autel, sur laquelle se trouvait une statuette de saint, en pierre, mesurant

0 m. 30 de hauteur. Cette statuette fut ensevelie sous les décombres.

D'après la tradition, on aurait, pendant la Révolution, dit la messe dans cette chapelle (1).

VIII

LA GARENNE

A la Seigneurie du Bec-Thomas était attaché le droit de garenne.

Des plaintes relatives à l'exercice de ce droit s'étant produites, le 9 septembre 1694, Pierre Lefebvre, huissier au Bosc-Roger (2) signifiait au marquis du Bec-Thomas, un arrêt du Conseil d'Etat, du 29 août précédent, lui enjoignant de représenter, dans un délai de quinze jours, les titres en vertu desquels il avait établi une garenne.

Le Marquis du Bec-Thomas n'obéit pas à la sommation et reçut le 25 novembre, suivant injonction de détruire les lapins dans le délai d'un mois, avec indication que faute par lui de le faire, il y serait procédé à ses dépens.

Il intervint un arrêt du Conseil du Roi du 14 décembre 1694, signifié par Pierre Lefebvre le 11 janvier 1695, et par un nouvel arrêt du 19 avril 1695 il fut ordonné que le Marquis du Bec-Thomas, n'ayant pas comparu et n'ayant représenté aucun titre, il serait tenu de détruire les lapins qui se trouvaient dans sa garenne.

Le 16 août 1695, M° Charles de Beaulieu comparut devant M° Lefèvre d'Ormesson, conseiller du Roi en ses conseils, maître ordinaire des requêtes en son Hôtel, commissaire départi par Sa Majesté pour l'exécution de ses ordres en la généralité de Rouen, afin de prouver, par titres, qu'il avait le droit d'avoir une garenne.

M° Charles de Beaulieu produisit divers aveux et un vieux registre couvert en parchemin écrit en l'année 1478, par Etienne Vipart, contenant les Foi et hommage, aveux et dénombrements donnés et reçus et des actes de reconnaissance pour raison de la baronnie.

Au vu de ces pièces, l'intendant et commissaire affirma, dans son procès-verbal, que « le sieur de Beaulieu avait le droit et la possession d'avoir Garen-

---

(1) Les renseignements sur l'ancien château nous sont fournis par les *Notes manuscrites* de M. Desmonts. (Collection personnelle).
(2) Bosc-Roger-en-Roumois.

ne et droit de chasse à toutes bestes ès bois et garenne de la dite terre ».

Si l'on en croit la tradition, les Seigneurs du Bec-Thomas étaient forts jaloux de la chasse et les habitants de la paroisse qui résidaient près du Bois du Corney étaient obligés, s'ils avaient des chiens, de leur couper la patte droite à la première articulation, et de leur mettre un billot au cou pour qu'ils ne puissent aller chasser dans ce bois (1).

---

(1) Notes manuscrites de M. Desmonts. (Collection personnelle).

Un des gardes des bois et chasses du marquis du Bec-Thomas, René Cottereau, âgé de 54 ans, du comté d'Averton, leva la Fierte en 1774. « Dans une soirée du mois de décembre 1766, ayant surpris Jacques Trouillé qui coupait du bois vert dans les bois du comte d'Averton, il voulut l'arrêter, Trouillé résista, essaya de se saisir du fusil de Cottereau qui était chargé ; dans ce débat le fusil partit et Trouillé fut tué ». (Floquet, *Histoire du Privilège de Saint-Romain*, T. II, p. 532).

IX

LA MALADRERIE — LES PLAIDS

Il dut exister au Bec-Thomas une maladrerie ou léproserie, ainsi que l'atteste le nom de Chemin de la Maladrerie, donné à une voie tendant de Fouqueville au Bec-Thomas.

D'après les renseignements qui nous ont été fournis les plaids et gages-plèges de la seigneurie se tenaient sous une des portes du parc, dite Porte-de-Fouqueville.

Enfin, ajoutons en terminant que les seigneurs du Bec-Thomas figurèrent à l'Echiquier de Normandie au sixième rang de la Noblesse du Grand Bailliage de Rouen (2).

---

(2) Farin, Histoire de Rouen. T. I., p. 137.